ENDELIG HONNING KOKEBOKEN

SØTTE OG SALTE OPPSKRIFTER PÅ NATURLIGE GLADSER. Oppdag honningens gylne søthet - fra frokost til dessert, slipp løs kraften i naturens søtningsmiddel

Emma Hammersland

Copyright materiale ©2023

Alle rettigheter reservert

Ingen del av denne boken kan brukes eller overføres i noen form eller på noen måte uten riktig skriftlig samtykke fra utgiveren og opphavsrettseieren, bortsett fra korte sitater brukt i en anmeldelse. Denne boken bør ikke betraktes som en erstatning for medisinsk, juridisk eller annen profesjonell rådgivning.

INNHOLDSFORTEGNELSE

INNHOLDSFORTEGNELSE 3
INTRODUKSJON 6
FROKOST 7
   1. Honeycomb Toffee Brød 8
   2. Honeycomb Candy Milkshake 10
   3. Honeycomb Cereal Parfait 12
   4. Honeycomb Candy Pannekaker 14
   5. Honeycomb Candy Overnight Oats 16
   6. Honeycomb Candy French Toast 18
   7. Honeycomb Candy Yoghurt Bowl 20
   8. Honeycomb Cereal Smoothie 22
   9. Honeycomb Candy Vafler 24
   10. Honeycomb Banana Smoothie 26
   11. Honeycomb Candy Frappuccino 28
   12. Honeycomb Candy Iced Tea 30
   13. Honeycomb Candy Latte 32
   14. Honeycomb Candy Milk Tea 34
   15. Honeycomb Candy Hot Chocolate 36
   16. Honeycomb kornmelk 38
FORRETTER 40
   17. Pistasj Og Honning Chevre Logg 41
   18. Rustikk nederlandsk ovnsbrød 43
   19. Honningsmør 46
   20. Basilikum Honning Ricotta Tartine 48
   21. Honeycomb Crunchie Bars 50
   22. Honeycomb kornbarer 52
   23. Honeycomb Cookie Bars 54
   24. Honeycomb Candy Bark 56
   25. Honeycomb Energy Ball Bites 58
   26. Honeycomb Candy Popcorn 60
   27. Honeycomb Cereal Snack Mix 62
   28. Honeycomb Candy Dip 64
   29. Honeycomb Yoghurt Parfait 66
   30. Honeycomb Candy Granola 68
DESSERTER 70
   31. Cannelé Bordelais 71
   32. Honning Sitrus Te kaker 74

33. Mango Shrikhand 76
34. Chunky Bokhvete Granola 78
35. Honningis 81
36. Bivoksis 83
37. Honeycomb Ice Cream 86
38. Honeycomb Candy Frozen Yoghurt Bites 88
39. Honeycomb banankake 90
40. Mørk sjokolade honeycomb 92
41. Honeycomb Candy Melk og frokostblandinger 94
42. Honeycomb Cheesecake 96
43. Honeycomb Candy Gateau 98
44. Honeycomb Ice Cream Sandwicher 100
45. Honning kaffekake 102
46. Honeycomb sitronkake 105

SAMMENKAKER OG GODTIS 108
47. Honningkaker 109
48. Energibiter 111
49. Honningkarameller 113
50. Peppermyntekaker 116

AKKOMPAGEMENT 118
51. Honningsennep 119
52. Honning avokadodressing 121
53. Honningvinaigrette med pollen 123
54. Honning Grillsaus 125
55. Røkt honning 127

GJÆRET MAT 129
56. Fermentert Ketchup 130
57. Fermentert honning hvitløk 132
58. Fermenterte honningtyttebær 134
59. Fermentert probiotisk honningbærbrus 136
60. Tepache 138

DRIKKER 140
61. Grunnleggende honningsirup 141
62. Ginger Ale 143
63. Mandarin Fiz 145
64. Agurk Sitrongress Honning Cocktail 147
65. Aprikos Kardemomme Cocktail 149
66. Tequila honningcocktail 151
67. Litauisk honningbrennevin 153
68. Hyllebær Tonic 155

69. Gurkemeie Honning Super Booster 157
70. Honeycomb Martini 159
71. Honeycomb Margarita 161
72. Honeycomb tropisk Mocktail 163
73. Honeycomb Candy Gammeldags 165
74. Honeycomb Candy Mojito Mocktail 167
75. Honeycomb Candy Punch 169
76. Honeycomb Cereal White Russian 171
77. Honeycomb Candy Spritzer 173
78. Honeycomb Candy Whisky Smash 175
79. Honeycomb Candy Pina Colada 177

INFUSERT HONNING 179
80. Honning med sitron 180
81. Honning med appelsin 182
82. Honning med sitronsmør 184
83. Honning med fersken 186
84. Honning med pære og eple 188
85. Rosa grapefrukt Infundert honning 190
86. Honning med kvede 192
87. Kanel-eplehonning 194
88. Hylleblomstinfundert honning 196
89. Syrininfundert honning 198
90. Jasmin infundert honning 200
91. Tulsi-infundert honning 202
92. Honning med kanel 204
93. Honning med ingefær 206
94. Vaniljeinfundert honning 208
95. Stjerneanis-infundert honning 210
96. nellik-infundert honning 212
97. Jalapeno-infundert honning 214
98. Honning med korianderfrø 216
99. Sellerifrø Infundert honning 218
100. Valmuefrø Honning 220

KONKLUSJON 222

INTRODUKSJON

Velkommen til honningens verden! I denne kokeboken inviterer vi deg til å hengi deg til den gyldne sødmen av naturens bemerkelsesverdige gave. Honning har vært verdsatt i århundrer som et naturlig søtningsmiddel og en kilde til utrolige smaker og helsemessige fordeler. Denne kokeboken er din ultimate guide til å frigjøre det fulle potensialet til honning i en rekke deilige oppskrifter, både søte og salte.

Honning er ikke bare en erstatning for sukker; det er en kulinarisk skatt som tilfører dybde, kompleksitet og et snev av naturlig sødme til rettene dine. Fra frokostfavoritter og fristende forretter til mettende hovedretter og uimotståelige desserter, denne kokeboken feirer allsidigheten og rikdommen til kreasjoner med honning.

På disse sidene vil du oppdage en skattekiste av oppskrifter som viser frem det utrolige utvalget av smaker og teksturer som honning kan bringe til bordet ditt. Fra honningglasert kjøtt og stekte grønnsaker til honningtilsatt bakverk og dekadente søtsaker, vi har laget en kolleksjon som fremhever de forskjellige bruksområdene til denne ekstraordinære ingrediensen. Hver oppskrift er gjennomtenkt laget for å få frem det beste av honningens naturlige sødme samtidig som den komplementerer andre smaker.

Men denne kokeboken er mer enn bare en samling av honningoppskrifter. Vi vil veilede deg gjennom de forskjellige typene og variantene av honning, dele innsikt i dens helsemessige fordeler og gi tips om hvordan du velger den beste kvaliteten honning til rettene dine. Enten du er en honningentusiast eller ny til å inkorporere det i matlagingen din, er vi her for å hjelpe deg med å omfavne rikdommen og allsidigheten til denne gylne eliksiren.

Så, enten du leter etter et sunnere alternativ til raffinert sukker, utforsker nye smakskombinasjoner eller bare nyter honningens naturlige sødme, la "ENDELIG HONNING KOKEBOKEN" være din guide. Gjør deg klar til å legge ut på en reise som vil forvandle dine kulinariske kreasjoner og bringe essensen av naturens søtningsmiddel til kjøkkenet ditt.

FROKOST

1. Honeycomb Toffee Brød

INGREDIENSER:
- 3 kopper universalmel
- 2 ts aktiv tørrgjær
- 1 ts salt
- 2 ss honning
- 1 kopp varmt vann
- ¼ kopp smeltet smør
- ½ kopp knust honeycomb fløtekaramell (valgfritt)

BRUKSANVISNING:
a) I en stor miksebolle kombinerer du mel, gjær og salt.
b) Bland honningen og varmt vann i en separat bolle til honningen er oppløst.
c) Hell honning-vannblandingen i melblandingen og rør godt til en deig.
d) Elt deigen på en lett melet overflate i ca 5-7 minutter, til den er jevn og elastisk.
e) Legg deigen i en smurt bolle, dekk den med et rent kjøkkenhåndkle og la den heve på et lunt sted i ca 1 time eller til dobbel størrelse.
f) Forvarm ovnen til 375°F (190°C).
g) Slå ned den hevede deigen og form den til et brød.
h) Legg brødet i en smurt brødform og pensle toppen med smeltet smør.
i) Dryss den knuste honeycomb-karamellen over toppen av brødet, trykk den lett inn i deigen.
j) Stek brødet i den forvarmede ovnen i 25-30 minutter eller til de er gyldenbrune.
k) Ta brødet ut av ovnen og la det avkjøles på rist før det skjæres i skiver og serveres.

2. Honeycomb Candy Milkshake

INGREDIENSER:
- 2 kopper vaniljeis
- 1 kopp melk
- ½ kopp honeycomb godteri, knust
- Pisket krem til topping

BRUKSANVISNING:
a) Kombiner vaniljeisen, melken og knust honeycomb-godteri i en blender.
b) Bland til en jevn og kremaktig.
c) Hell milkshaken i et glass.
d) Topp med pisket krem og ekstra knust honeycomb godteri.
e) Nyt denne overbærende honeycomb godteri milkshaken til frokost.

3.Honeycomb Cereal Parfait

INGREDIENSER:
- 1 kopp honeycomb frokostblanding
- 1 kopp gresk yoghurt
- 1 kopp blandede friske bær
- Honning til duskregn

BRUKSANVISNING:
a) I et glass eller en krukke, lag honningkakeblanding, gresk yoghurt og blandede friske bær.
b) Drypp honning over hvert lag.
c) Gjenta lagene til ingrediensene er brukt.
d) Topp med en ekstra skvett honning og noen biter av honeycomb frokostblandinger.
e) Server og nyt denne sprø og søte honeycomb frokostblandingsparfaiten.

4.Honeycomb Candy Pannekaker

INGREDIENSER:
- 1 ½ kopper allsidig mel
- 2 ss sukker
- 1 ss bakepulver
- ½ ts salt
- 1 kopp melk
- 1 egg
- 2 ss smeltet smør
- ½ kopp honeycomb godteri, knust
- Smør eller olje til steking

BRUKSANVISNING:
a) I en miksebolle kombinerer du mel, sukker, bakepulver og salt.
b) I en annen bolle, visp sammen melk, egg, smeltet smør og knust honningkakegodteri.
c) Hell de våte ingrediensene i de tørre ingrediensene og rør til de er så vidt blandet.
d) Varm opp en takke eller stekepanne på middels varme og smør den med smør eller olje.
e) Hell ¼ kopp røre på rist for hver pannekake.
f) Kok til det dannes bobler på overflaten, vend deretter og stek til de er gyldenbrune.
g) Server honeycomb-godteripannekakene med ekstra knust honeycomb-godteri og pålegg etter eget valg.

5. Honeycomb Candy Overnight Oats

INGREDIENSER:
- ½ kopp havregryn
- ½ kopp melk (meieriprodukter eller plantebasert)
- ½ kopp gresk yoghurt
- 1 ss honning
- ¼ kopp honeycomb godteri, knust
- Frisk frukt til topping

BRUKSANVISNING:
a) I en krukke eller beholder kombinerer du havregryn, melk, gresk yoghurt og honning.
b) Rør godt for å kombinere.
c) Dryss knust honeycomb godteri over blandingen.
d) Dekk til glasset eller beholderen og sett i kjøleskap over natten.
e) Gi havren en god røre om morgenen.
f) Topp med frisk frukt og ekstra knust honeycomb godteri.
g) Nyt dette enkle og deilige honeycomb-godteriet over natten.

6. Honeycomb Candy French Toast

INGREDIENSER:
- 4 brødskiver
- 2 egg
- ¼ kopp melk
- ½ ts vaniljeekstrakt
- Smør til steking
- Honning til duskregn
- Honeycomb godteri, knust

BRUKSANVISNING:
a) I en grunn bolle, visp sammen egg, melk og vaniljeekstrakt.
b) Dypp hver brødskive i eggeblandingen, belegg begge sider.
c) Varm opp en stekepanne på middels varme og smelt litt smør.
d) Legg de dyppete brødskivene i pannen og stek til de er gyldenbrune på hver side.
e) Server arme riddere med en skvett honning, drysset med knust honningkakegodteri.
f) Nyt denne søte og knasende honeycomb candy French toast.

7.Honeycomb Candy Yoghurtskål

INGREDIENSER:
- 1 kopp gresk yoghurt
- 2 ss honning
- ¼ kopp honeycomb godteri, knust
- Frisk frukt til topping

BRUKSANVISNING:
a) Bland gresk yoghurt og honning i en bolle.
b) Dryss knust honeycomb godteri over yoghurten.
c) Topp med frisk frukt.
d) Rør godt og nyt denne herlige honning-infunderte yoghurtbollen.

8. Honeycomb Cereal Smoothie

INGREDIENSER:
- 1 moden banan
- 1 kopp frosne blandede bær
- ½ kopp honeycomb frokostblanding
- 1 kopp melk (meieriprodukter eller plantebasert)
- 1 ss honning

BRUKSANVISNING:
a) Kombiner den modne bananen, frosne blandede bær, honningkakeblanding, melk og honning i en blender.
b) Bland til en jevn og kremaktig.
c) Hell smoothien i et glass.
d) Pynt med et dryss honeycomb frokostblanding på toppen.
e) Nyt denne honeycomb frokostblandingen for en rask og energigivende frokost.

9. Honeycomb Candy Vafler

INGREDIENSER:
- 1 ½ kopper allsidig mel
- 2 ss sukker
- 1 ss bakepulver
- ½ ts salt
- 1 kopp melk
- ¼ kopp vegetabilsk olje
- 2 egg
- ½ ts vaniljeekstrakt
- ½ kopp honeycomb godteri, knust

BRUKSANVISNING:
a) Forvarm et vaffeljern i henhold til produsentens anvisninger.
b) I en miksebolle kombinerer du mel, sukker, bakepulver og salt.
c) I en annen bolle, visp sammen melk, vegetabilsk olje, egg og vaniljeekstrakt.
d) Hell de våte ingrediensene i de tørre ingrediensene og rør til de er så vidt blandet.
e) Rør inn det knuste honeycomb-godteriet.
f) Hell røren på det forvarmede vaffeljernet og stek til den er gyldenbrun og sprø.
g) Server honeycomb-godterivaflene med en klatt honning og ekstra knust honeycomb-godteri.

10. Honeycomb Banan Smoothie

INGREDIENSER:
- 1 frossen banan
- 1 kopp mandelmelk (eller din foretrukne melk)
- ¼ kopp honeycomb frokostblanding
- 1 ss honning
- Isbiter (valgfritt)

BRUKSANVISNING:
a) Kombiner den frosne bananen, mandelmelken, honningkakeblandingen og honningen i en blender.
b) Bland til en jevn og kremaktig.
c) Tilsett isbiter om ønskelig og bland igjen.
d) Hell smoothien i et glass.
e) Pynt med et dryss honeycomb frokostblanding på toppen.
f) Nyt denne honeycomb frokostblandingen som en velsmakende og mettende drink.

11. Honeycomb Candy Frappuccino

INGREDIENSER:
- 1 kopp sterk brygget kaffe, avkjølt
- ½ kopp melk (meieriprodukter eller plantebasert)
- ¼ kopp honeycomb godteri, knust
- 2 ss sukker
- Isbiter
- Pisket krem (valgfritt)

BRUKSANVISNING:
a) Kombiner den avkjølte kaffen, melken, knust honningkakegodteri, sukker og en håndfull isbiter i en blender.
b) Bland til det er godt blandet og skummende.
c) Hell Frappuccino i et glass.
d) Topp med pisket krem og ekstra knust honeycomb godteri hvis ønskelig.
e) Nyt dette honeycomb-godteriet Frappuccino som en herlig og energigivende drink.

12. Honeycomb Candy Iced Tea

INGREDIENSER:
- 2 kopper brygget te (svart eller urte), kjølt
- ¼ kopp honning
- ¼ kopp honeycomb godteri, knust
- Sitronskiver (valgfritt)

BRUKSANVISNING:
a) Kombiner den kjølte bryggede teen, honningen og knust honningkakegodteri i en mugge.
b) Rør til honningkakegodteriet er oppløst.
c) Tilsett sitronskiver om ønskelig for ekstra smak.
d) Fyll glass med isbiter og hell honeycomb-godteriet iste over isen.
e) Server og nyt denne forfriskende isteen med honeycomb-godteri på en varm dag.

13. Honeycomb Candy Latte

INGREDIENSER:
- 1 shot espresso (eller sterk brygget kaffe)
- 1 kopp melk (meieriprodukter eller plantebasert)
- 2 ss honning
- ¼ kopp honeycomb godteri, knust
- Kakaopulver eller kanel til støvtørking (valgfritt)

BRUKSANVISNING:
a) Varm opp melk og honning i en kjele på middels varme til det er varmt, men ikke kokende.
b) Skum melken med en skummer eller visp til den blir kremet.
c) Hell espressoen eller kaffen i et krus.
d) Tilsett den varme melkeblandingen i kruset, rør forsiktig.
e) Dryss knust honeycomb godteri på toppen.
f) Dryss med kakaopulver eller kanel om ønskelig.
g) Nyt denne honeycomb godteri latte som en trøstende og smakfull drink.

14. Honeycomb Candy Milk Tea

INGREDIENSER:
- ½ kopp tapiokaperler (boba)
- 2 kopper vann
- ¼ kopp honeycomb godteri, knust i små biter
- Ditt valg av te (svart te, grønn te eller annen smak)
- Melk eller ikke-meieri alternativ
- Søtningsmiddel (valgfritt)
- Isbiter

BRUKSANVISNING:
a) Kok tapiokaperlene (boba) etter anvisningen på pakken. Vanligvis må du koke opp en kjele med vann, legge til boba-perlene og koke til de er myke og seige. Tøm og skyll de kokte perlene med kaldt vann.
b) Legg det knuste honeycomb-godteriet i et glass i bunnen.
c) Tilbered ditt valg av te ved å brygge den i henhold til pakkens instruksjoner. Du kan lage den varm eller kald, avhengig av dine preferanser.
d) Når teen er klar, hell den over det knuste honeycomb-godteriet i glasset.
e) Tilsett de kokte tapiokaperlene (boba) i glasset.
f) Hvis ønskelig, tilsett søtningsmiddel til teen og rør til den er oppløst.
g) Tilsett melk eller et ikke-meieriholdig alternativ til glasset, og la det være litt plass på toppen for is.
h) Rør blandingen forsiktig for å kombinere alle ingrediensene.
i) Tilsett isbiter for å avkjøle drinken og gi den et forfriskende preg.
j) Sett inn et stort sugerør eller boba-sugerør i glasset, slik at du kan nyte honeycomb-godteriet og boba-perlene sammen mens du nipper til drinken.
k) Gi drinken en siste omrøring, og den er klar til å nytes!

15. Honeycomb Candy Hot Chocolate

INGREDIENSER:
- 2 kopper melk (meieri eller plantebasert)
- 2 ss kakaopulver
- 2 ss sukker
- ¼ kopp honeycomb godteri, knust
- Pisket krem og sjokoladespon til topping (valgfritt)

BRUKSANVISNING:
a) Varm opp melken på middels varme i en kjele til den er varm, men ikke kokende.
b) Visp inn kakaopulver og sukker til det er godt blandet og glatt.
c) Tilsett det knuste honeycomb-godteriet til den varme sjokoladeblandingen.
d) Fortsett å varme og rør til honningkakegodteriet er smeltet.
e) Hell den varme sjokoladen i krus.
f) Topp med pisket krem og sjokoladespon om ønskelig.
g) Nyt denne rike og dekadente honeycomb godteri varm sjokolade på en kjølig dag.

16. Honeycomb kornmelk

INGREDIENSER:
- 2 kopper melk (meieri eller plantebasert)
- 1 kopp honeycomb frokostblanding

BRUKSANVISNING:
a) Hell melken i en bolle.
b) Tilsett honningkakeblandingen i melken.
c) Rør forsiktig for å blande frokostblandingen inn i melken.
d) La blandingen sitte i ca. 10 minutter, slik at frokostblandingen får smak til melken.
e) Sil melken for å fjerne kornblandingen, hvis ønskelig.
f) Server honningkakemelken avkjølt eller over is.
g) Nyt denne nostalgiske og søte honeycomb frokostblandingen som en herlig drink.

FORRETTER

17. Pistasj og honning Chevre Logg

INGREDIENSER:
- 1 stokk (10 unser, eller 280 g) chevre geitost
- 1/4 kopp (85 g) honning
- 2 ss (40 g) fikensyltetøy
- 1/8 til 1/4 kopp (15 til 31 g) skallede, hakkede pistasjnøtter
- Serveringsfat
- Liten skål som tåler mikrobølgeovn
- Skje

BRUKSANVISNING:
a) Legg chevreoststokken på serveringsfatet.
b) Varm honning og syltetøy i en liten bolle i mikrobølgeovnen til syltetøyet er smeltet og honning og syltetøy lett kan kombineres.
c) Drypp honning-syltetøyblandingen over geitoststokken og strø over hakkede pistasjnøtter.
d) Server med kjeks eller sprø brød.

18. Rustikk nederlandsk ovnsbrød

INGREDIENSER:
FORGJÆRING:
- 1 kopp (235 ml) kaldt til lunkent vann (32 °C til 38 °C)
- 1/2 ts aktiv tørrgjær
- 1 1/4 kopper (171 g) brødmel
- 1/4 kopp (31 g) universalmel eller fullkornshvetemel
- Stor bolle
- Treskje
- Plastfolie

DEIG:
- Forgjæring ovenfra
- 1 kopp (235 ml) vann (38 °C til 46 °C)
- 3/4 ts aktiv tørrgjær
- 2 ss (40 g) honning
- 3 1/2 til 4 kopper (480 til 548 g) brødmel
- 2 ts salt, eller etter smak
- Plastfolie
- Maismel eller mel
- Pergamentpapir
- nederlandsk ovn
- Skarp kniv

BRUKSANVISNING:

a) For å lage forgjæringen, rør alle de forgjærende ingrediensene sammen for å lage en tykk, våt blanding. Dekk til med plastfolie og la den hvile i minst 2 timer. For best smak, la starteren hvile lenger eller over natten.

b) For å lage deigen, rør forgjæringen med en skje og tilsett deretter vann, gjær, honning, 3 1/2 kopper (480 g) av melet og saltet. Bland eller elt deigen, bare til alle ingrediensene er innarbeidet. Deigen skal være en litt rufsete, rotete deig. Dekk til med et håndkle eller plastfolie og la det hvile i 30 minutter slik at melet trekker til seg vannet og elt det deretter igjen. Det skal nå være mer sammenhengende og litt jevnere. Elt deigen, tilsett mer mel om nødvendig, for å lage en myk deig.

c) Legg deigen i en lett smurt bolle, dekk til med lett smurt plastfolie og la den heve til nesten dobbel på et kjølig sted eller i kjøleskapet.

d) Arbeid deigen forsiktig til ett stort brød, prøv å ikke tømme deigen helt. Dryss et stykke bakepapir med maismel eller mel. Legg deigen forsiktig på bakepapiret, søm siden ned og dekk med smurt plastfolie. La den heve på et varmt sted til den hever med 50 prosent eller mer.

e) Sett den nederlandske ovnen inn i ovnen og forvarm begge til 425 °F (220 °C, eller gassmerke 7). Gryten kan ta litt lengre tid å varme opp enn selve ovnen.

f) Når deigen er klar, ta kjelen ut av ovnen. Ta opp bakepapiret og deigen sammen og legg det direkte i gryten. Skjær eller kryss ut brødet med en skarp kniv. Dekk gryten med lokk og sett i ovnen.

g) Reduser varmen umiddelbart til 375 °F (190 °C, eller gassmerke 5) og stek i 30 minutter. Ta av lokket og stek i ytterligere 20 til 30 minutter eller til brødet er gjennomstekt. Den indre temperaturen bør være minst 88 °C (190 °F). Ta brødet ut av den nederlandske ovnen og legg på en rist for å avkjøles. Motstå trangen til å kutte i brødet mens det fortsatt er varmt. Brødet nytes best ferskt, men kjølig. Den holder seg i et par dager i en plastpose.

19. Honningsmør

INGREDIENSER:
- 1 pund (455 g) smør
- 1/4 kopp (85 g) honning
- Kniv
- Middels bolle
- Mikser
- Pergamentpapir eller plastfolie

BRUKSANVISNING:

a)   Skjær smøret i biter og tilsett i bollen. Bland smøret med mikser på lav hastighet til det har løsnet og er lett å jobbe med.

b)   Tilsett honningen og bland på middels hastighet til det er godt blandet.

c)   Hell på pergamentpapir eller plastfolie for å danne en stokk og avkjøl i flere timer eller til det trengs.

d)   Gjør honningsmøret ekstra spesielt ved å tilsette 1/2 ts malt kanel og 1/2 ts vanijeekstrakt sammen med honningen.

20. Basilikum Honning Ricotta Tartine

INGREDIENSER:
- 1 brød med sprø surdeigsbrød, skåret i 3/4- til 1-tommers (2 til 2,5 cm) skiver
- 1 kopp (250 g) helmelk ricotta
- 2 sitroner, skallet
- 1 kopp (24 g) søt basilikum, større blader grovhakket
- 1 stort fedd hvitløk, skrelt
- 1/2 til 1 kopp (170 til 340 g) mild honning
- Mikrofly eller zester for sitroner
- Grill panne eller grill for å riste brød

BRUKSANVISNING:
a)   Rist brødskivene på en grill eller på komfyren i en grillpanne i ca 2 minutter på hver side. Brødoverflatene skal ristes til en lys til middels brun.
b)   Gni hvitløksfeddene over den ene siden av det ristede brødet.
c)   Smør et lag ricotta på brødet, tilsett basilikum og dryss brødskivene med sitronskall.
d)   Rett før servering, drypp honning over toppen. Spis umiddelbart.

21. Honeycomb Crunchie Bars

INGREDIENSER:
- 4 kopper honeycomb frokostblanding
- 2 kopper melkesjokoladebiter
- ¼ kopp smør

BRUKSANVISNING:
a) Kle en ildfast form eller plate med bakepapir.
b) Knus honningkakeblandingen forsiktig i en stor miksebolle, og la noen større biter stå igjen for tekstur.
c) I en mikrobølgeovnsikker bolle smelter du sjokoladebitene og smøret sammen med korte intervaller, rør i mellom, til det er jevnt og helt smeltet.
d) Hell den smeltede sjokoladeblandingen over den knuste frokostblandingen og rør til all frokostblandingen er dekket.
e) Overfør blandingen til den tilberedte bakebollen og trykk den godt ned med baksiden av en skje eller slikkepott.
f) Sett retten i kjøleskapet i ca 1 time eller til sjokoladen stivner.
g) Når barene er faste, fjerner du dem fra fatet og skjærer dem i ønsket størrelse.
h) Server og nyt de honeycomb crunchie-barene.

22. Honeycomb kornbarer

INGREDIENSER:
- 4 kopper honeycomb frokostblanding
- 2 kopper melkesjokoladebiter
- ¼ kopp smør

BRUKSANVISNING:
a) Kle en ildfast form eller plate med bakepapir.
b) Knus honningkakeblandingen forsiktig i en stor miksebolle, og la noen større biter stå igjen for tekstur.
c) I en mikrobølgeovnsikker bolle smelter du sjokoladebitene og smøret sammen med korte intervaller, rør i mellom, til det er jevnt og helt smeltet.
d) Hell den smeltede sjokoladeblandingen over den knuste frokostblandingen og rør til all frokostblandingen er dekket.
e) Overfør blandingen til den tilberedte bakebollen og trykk den godt ned med baksiden av en skje eller slikkepott.
f) Sett retten i kjøleskapet i ca 1 time eller til sjokoladen stivner.
g) Når barene er faste, fjerner du dem fra fatet og skjærer dem i ønsket størrelse.
h) Server og nyt de honeycomb crunchie-barene.

22. Honeycomb kornbarer

INGREDIENSER:
- 3 kopper honeycomb frokostblanding
- 2 kopper mini marshmallows
- 3 ss smør
- ¼ kopp honning
- ¼ kopp honeycomb godteri, knust

BRUKSANVISNING:
a) Kombiner honeycomb frokostblandingen og knust honeycomb godteri i en stor bolle. Sette til side.
b) I en kjele smelter du smøret på lav varme.
c) Tilsett minimarshmallows i det smeltede smøret og rør til det er helt smeltet og glatt.
d) Ta kjelen av varmen og rør inn honningen.
e) Hell marshmallowblandingen over honningkakeblandingen og rør til den er godt belagt.
f) Trykk blandingen godt ned i en smurt ildfast form.
g) Dryss toppen med ekstra knust honeycomb godteri.
h) La barene avkjøles og stivne før du skjærer dem i firkanter.
i) Nyt disse herlige honeycomb frokostblandingsbarene til frokost mens du er på farten.

23. Honeycomb Cookie Bars

INGREDIENSER:
- 1 ½ kopper allsidig mel
- ½ ts bakepulver
- ¼ teskje salt
- ½ kopp usaltet smør, myknet
- ¾ kopp granulert sukker
- ¼ kopp honning
- 1 ts vaniljeekstrakt
- 1 stort egg
- 1 kopp knust honeycomb godteri

BRUKSANVISNING:

a) Forvarm ovnen til 350°F (175°C) og smør en 9x9-tommers bakebolle.

b) I en middels bolle, visp sammen mel, bakepulver og salt. Sette til side.

c) I en separat stor bolle, fløt sammen myknet smør, sukker, honning og vaniljeekstrakt til det er lett og luftig.

d) Pisk inn egget til det er godt blandet.

e) Tilsett gradvis de tørre ingrediensene til de våte ingrediensene, bland til de akkurat er blandet.

f) Brett inn det knuste honeycomb-godteriet, og reserver en liten mengde til topping.

g) Fordel kjeksdeigen jevnt i den tilberedte bakebollen og dryss det gjenværende knuste honeycomb-godteriet på toppen.

h) Stek i 25-30 minutter eller til kantene er gyldenbrune.

i) Ta den ut av ovnen og la den avkjøles helt før du skjærer den i skiver.

24. Honeycomb Candy Bark

INGREDIENSER:
- 12 gram mørk sjokolade, smeltet
- 1 kopp knust honeycomb godteri
- ¼ kopp hakkede nøtter (valgfritt)

BRUKSANVISNING:
a) Kle en stekeplate med bakepapir.
b) Fordel den smeltede mørke sjokoladen jevnt over bakepapiret.
c) Dryss knust honningkakegodteri og hakkede nøtter (hvis du bruker) over sjokoladen.
d) Sett bakeplaten i kjøleskapet i ca 30 minutter eller til sjokoladen er stivnet.
e) Når den er satt, bryter du barken i biter og serverer.

25. Honeycomb Energy Ball Bites

INGREDIENSER:
- 1 kopp dadler med hull
- ½ kopp mandelsmør
- ¼ kopp honning
- ½ ts vaniljeekstrakt
- ¼ teskje salt
- 1 kopp havregryn
- ¼ kopp knust honeycomb godteri
- ¼ kopp strimlet kokosnøtt (valgfritt, for rulling)

BRUKSANVISNING:
a) Kombiner dadler, mandelsmør, honning, vaniljeekstrakt og salt i en foodprosessor. Bearbeid til glatt.
b) Tilsett havregryn og knust honningkakegodteri i foodprosessoren. Puls et par ganger for å inkludere ingrediensene.
c) Skrap ut spiseskjestore deler av blandingen og rull dem til kuler med hendene.
d) Rull eventuelt energikulebitene i strimlet kokos for et ekstra lag med smak og tekstur.
e) Legg energikulebitene på en stekeplate dekket med bakepapir og sett i kjøleskap i minst 30 minutter for å stivne.
f) Oppbevar honeycomb energiballbitene i en lufttett beholder i kjøleskapet.

26. Honeycomb Candy Popcorn

INGREDIENSER:
- 8 kopper poppet popcorn
- ½ kopp honning
- ¼ kopp smør
- ½ ts vaniljeekstrakt
- ½ kopp knust honeycomb godteri

BRUKSANVISNING:
a) I en liten kjele smelter du honning og smør sammen på middels varme.
b) Rør inn vaniljeekstraktet.
c) Legg popcornet i en stor bolle og hell honningblandingen over.
d) Kast popcornet forsiktig for å dekke det jevnt.
e) Dryss det knuste honeycomb-godteriet over popcornet og sleng det igjen.
f) La popcornet avkjøles og honningblandingen stivne før servering.

27. Honeycomb Cereal Snack Mix

INGREDIENSER:
- 2 kopper honeycomb frokostblanding
- 1 kopp kringler
- ½ kopp honeycomb godteri, knust
- ¼ kopp ristede peanøtter eller mandler
- ¼ kopp tørkede tranebær eller rosiner
- ¼ kopp hvit sjokoladebiter (valgfritt)

BRUKSANVISNING:
a) I en stor bolle, kombinere honeycomb frokostblandinger, pretzels, knust honeycomb godteri, ristede peanøtter eller mandler, tørkede tranebær eller rosiner, og hvit sjokolade chips (hvis du bruker).
b) Bland ingrediensene sammen til de er godt blandet.
c) Overfør snackblandingen til en lufttett beholder eller individuelle snacksposer.
d) Nyt denne søte og salte snackblandingen med honningkakeblanding på farten eller som en rask matbit.

28. Honeycomb Candy Dip

INGREDIENSER:
- 8 gram kremost, myknet
- ½ kopp melis
- ¼ kopp honning
- ¼ kopp honeycomb godteri, knust
- Epleskiver, kringler eller grahamskjeks til dypping

BRUKSANVISNING:
a) I en miksebolle, pisk kremosten til den er jevn.
b) Tilsett melis og honning gradvis, bland til det er godt blandet.
c) Brett inn det knuste honeycomb-godteriet.
d) Ha dippen over i en serveringsbolle.
e) Server honeycomb godteri dip med epleskiver, pretzels eller graham crackers for en deilig matbit.

29. Honeycomb Yoghurt Parfait

INGREDIENSER:
- 1 kopp gresk yoghurt
- 2 ss honning
- ¼ kopp knust honeycomb godteri
- ¼ kopp granola
- Friske bær til topping (valgfritt)

BRUKSANVISNING:
a) I en bolle blander du gresk yoghurt og honning til det er godt kombinert.
b) Legg honningyoghurten, knust honningkakegodteri og granola lagvis i et glass eller en krukke.
c) Gjenta lagene til alle ingrediensene er brukt.
d) Topp med friske bær om ønskelig.
e) Server honningkakeyoghurtparfaiten umiddelbart eller avkjøl til den skal nytes.

30. Honeycomb Candy Granola

INGREDIENSER:
- 3 kopper gammeldags havre
- 1 kopp hakkede nøtter (f.eks. mandler, valnøtter, pekannøtter)
- ¼ kopp honning
- 2 ss kokosolje, smeltet
- 1 ts vaniljeekstrakt
- ¼ teskje salt
- ½ kopp tørket frukt (f.eks. rosiner, tranebær, hakkede aprikoser)
- ¼ kopp knust honeycomb godteri

BRUKSANVISNING:
a) Forvarm ovnen til 325 °F (165 °C) og kle en stekeplate med bakepapir.
b) I en stor bolle kombinerer du havre, hakkede nøtter, honning, smeltet kokosolje, vaniljeekstrakt og salt. Rør til alle ingrediensene er godt dekket.
c) Fordel blandingen jevnt på den tilberedte bakeplaten.
d) Stek i forvarmet ovn i 20-25 minutter, rør en eller to ganger, til granolaen er gyllenbrun og ristet.
e) Ta bakeplaten ut av ovnen og la granolaen avkjøles helt.
f) Når den er avkjølt, rør inn tørket frukt og knust honeycomb-godteri.
g) Oppbevar honeycomb-granolaen i en lufttett beholder ved romtemperatur i opptil 2 uker.

DESSERTER

31.Cannelé Bordelais

INGREDIENSER:
RØRE:
- 2 kopper (475 ml) helmelk
- 1 1/2 unse (42 g) usaltet smør
- 1 vaniljestang, delt med skrapte frø
- 3/4 kopp (150 g) sukker
- 3/4 kopp (94 g) mel
- 1/4 ts salt
- 2 store egg
- 2 store eggeplommer
- 1/4 kopp (60 ml) mørk rom

MUGFETT:
- 1 ss (14 g) bivoks
- 1 ss (14 g) usaltet smør
- Liten kjele
- Middels bolle
- Liten skål
- Treskje
- Beholder med lufttett lokk
- Cannelé-former (enten kobber, aluminium eller silkone)
- Liten, varmebestandig beholder
- Ren børste for muggfett
- Bakepapir

BRUKSANVISNING:
a) Varm opp melk, smør, vaniljestang og frø i en kjele på middels varme til smøret er smeltet og koker lavt. Fjern fra varmen og la avkjøles litt. Fjern vaniljestangen.

b) I en middels bolle, rør sammen sukker, mel og salt. Sette til side.

c) Rør sammen eggene og eggeplommene i en liten bolle, pass på at du ikke får inn for mye luft. Temperer eggene ved å tilsette små mengder varm melk i eggene og røre før du tilsetter mer melk. Tanken er å heve temperaturen på eggene uten å koke dem. Når omtrent halvparten av melken er rørt inn i eggene, tilsett den resterende melken og eggeblandingen til sukker- og melblandingen. Rør akkurat nok til å innlemme. Tilsett rom og hell blandingen i en lufttett beholder og avkjøl.

d) La blandingen hvile i kjøleskapet i minst 2 hele dager, rør av og til. La stå i romtemperatur i en time før steking.

e) Denne oppskriften er den perfekte startoppskriften. Jeg tilsetter appelsinskall i melken når jeg lager min, men alle slags smaker kan tilsettes for å finpusse oppskriften. Prøv noen lavendelblomster, stjerneanis eller til og med kaffe.

f) Når du er klar til å bake, forvarm ovnen til 475 °F (240 °C, eller gassmerke 9) og klargjør formene.

g) Smelt først bivoks og smør i en liten, varmebestandig beholder. For å belegge formene, varm opp formene litt. Pensle bivoks/smørblandingen i et tynt lag inne i formene og sett inn i fryseren for å avkjøle.

h) Plasser formene på en bakeplate, la det være rikelig med luftrom rundt hver form. Rør forsiktig rundt i røren og hell i de ventende formene. Fyll formene ca 3/4 fulle.

i) Når ovnen er varm, overfører du bakeplaten forsiktig til ovnen og senker temperaturen umiddelbart til 425 °F (220 °C, eller gassmerke 7).

j) Stek i 15 minutter. Senk steketemperaturen til 375 °F (190 °, eller gassmerke 5) i ytterligere en time eller så.

k) Stek til utsiden er middels til mørkebrun (men ikke brent). Ta bakeplaten ut av ovnen og la Canneléen hvile i 10 minutter før du løsner dem på en rist.

32. Honning sitrus te kaker

INGREDIENSER:
- 2 kopper (260 g) + 2 ss (16 g) universalmel
- 21/4 ts bakepulver
- 1/2 ts salt
- Nyrevet skall og saft av 2 blodappelsiner
- Nyrevet skall og saft av 1/2 sitron
- 4 store egg, i romtemperatur
- 1/2 kopp (170 g) honning
- 3/4 kopp (175 ml) mild ekstra virgin olivenolje
- 1/2 kopp (120 ml) melk
- Rivejern
- Sitrus juicer
- 8-tommers (23 cm) brødform
- Pergamentpapir
- Liten skål
- Middels bolle
- Visp
- Treskje

BRUKSANVISNING:

a) Forvarm ovnen til 350 °F (180 °C, eller gassmerke 4). Kle en brødform med et stykke bakepapir som er langt nok til å henge over sidene (dette fungerer som et håndtak for enkelt å løfte det bakte brødet fra formen).

b) I en liten bolle, visp sammen mel, bakepulver, salt, blodappelsinskall og sitronskall.

c) I en middels bolle, visp sammen egg, honning, olivenolje og blodappelsin og sitronsaft. Pisk kraftig til den er jevn og det ikke er klumper. Kombiner melken og melblandingen og rør til det akkurat er blandet og det ikke er synlige melklumper.

d) Skrap røren i den tilberedte brødformen. Stek i 50 minutter eller til en dyp gylden farge og kaken springer tilbake når du banker forsiktig med fingeren.

e) La kaken avkjøles helt før du skjærer den i skiver. Pakk eventuell kakerester godt inn i bakepapir og nyt innen 2 dager.

33. Mango Shrikhand

INGREDIENSER:
- 3/4 kopp (180 g) silet yoghurt (omtrent 2 kopper [460 g] ustresset)
- 1 til 2 ss (15 til 28 ml) melk
- Safran, noen få tråder, knust
- 1/4 kopp (85 g) honning (hvis mango er supersøt, start med mindre)
- 1/4 ts grønt kardemommepulver
- 1/4 til 1/2 kopp (62 til 125 g) mangopuré
- 6 til 8 pistasjnøtter (eller andre nøtter som mandler eller cashewnøtter) finhakket, valgfritt
- Middels bolle
- Liten bolle (sikker for mikrobølgeovn)
- Treskje

BRUKSANVISNING:
a) Hell den silte yoghurten i en middels bolle og sett til side.
b) Hell melken i en liten, mikrobølgeovnsikker bolle og varm opp til en temperatur på omtrent 49 °C. Tilsett safran og bland. Mens den fortsatt er varm, tilsett honningen og rør for å kombinere. Varmen fra melken skal bidra til å myke honningen, slik at den blandes med den kjølige yoghurten.
c) Tilsett melk- og honningblandingen, kardemommepulver og mangopuré til den silte yoghurten. Rør forsiktig til det er helt blandet.
d) Hell blandingen i dessertretter og avkjøl. Om ønskelig, topp med de hakkede nøttene rett før servering. Nytes best innen en dag eller to.

34. Chunky bokhvete Granola

INGREDIENSER:
- 3 kopper (240 g) havregryn (glutenfri om nødvendig)
- 1 kopp (240 g) bokhvete
- 11/2 kopper (90 g) kokosflak
- 1/4 kopp (52 g) chiafrø
- 1/4 kopp (36 g) kokosnøttsukker
- 1 kopp (135 g) hasselnøtter (Valnøtter er også deilig.)
- 1/3 kopp (75 g) kokosolje
- 1/3 kopp (115 g) honning
- 1 ts vaniljeekstrakt
- 1/2 ts finkornet havsalt
- 1/2 kopp (40 g) kakaopulver (økologisk, fairtrade hvis mulig)
- 2 til 3 eggehviter (valgfritt)
- Stor bolle
- Kniv
- Skjærefjøl
- Liten kjele
- Treskje
- Liten skål
- Visp
- Stekespade
- Bakepapir
- Pergamentpapir

BRUKSANVISNING:
a)   Forvarm ovnen til 350 °F (180 °C, eller gassmerke 4).
b)   I en stor bolle kombinerer du havre, bokhvete, kokosflak, chiafrø og kokosnøttsukker. Grovhakk nøttene og tilsett dem i blandingen.
c)   Smelt kokosolje i en liten kjele over lav-middels varme. Tilsett honning, vanilje, salt og kakaopulver. Visp for å kombinere til jevn.
d)   Pisk eggehvitene i en liten bolle til de er luftige.
e)   Hell honning/oljeblandingen over de tørre ingrediensene og vend sammen med en skje for å dekke det helt og jevnt. Tilsett de piskede eggehvitene og bland godt.
f)   Fordel blandingen utover i et jevnt lag på en kledd bakeplate og trykk godt med baksiden av en slikkepott for å sikre at blandingen blir kompakt. Stek i 15 til 20 minutter.

g) Ta ut av ovnen, snu granolaen i store biter, og sett tilbake i ovnen for å bake i ytterligere 10 minutter, rør hvert 3. til 4. minutt til den er ristet og dufter.

h) En annen god måte å teste den på er å smake på en hasselnøtt, som tar lengst tid å koke – den skal smake nøtteaktig og behagelig stekt. Oppbevar granola i en lufttett beholder i opptil flere måneder.

35. Honningis

INGREDIENSER:
- 1 1/2 kopper (355 ml) tung krem
- 1 1/2 kopper (355 ml) helmelk
- 1/3 kopp (115 g) bokhvetehonning eller litt mer honning med mild smak
- 5 store eggeplommer
- Klype salt
- 1/2 ts vaniljeekstrakt
- Middels kjele
- Treskje
- Middels bolle
- Visp
- Finmasket sil
- Rengjør bollen
- Cling wrap
- Iskrem maskin
- Tettlukkende beholder for ferdig iskrem

BRUKSANVISNING:
a) Plasser beholderen der du planlegger å lagre den ferdige iskremen i fryseren for å avkjøle. Kombiner fløte, melk og honning i en middels kjele. Varm opp på middels varme til det knapt koker, rør ofte. Fjern fra varmen og dekk til. Sette til side.
b) I en middels bolle, visp eggeplommene. Temperer eggeplommene ved å helle litt av den varme fløten sakte i plommene mens du visper for å heve temperaturen og forhindre at eggeplommene koker. Hell deretter alt tilbake i kjelen.
c) Varm blandingen over middels varme, rør hele tiden og skrap bunnen mens du rører. Mens vaniljesausen varmes opp, rør inn salt og vaniljeekstrakt. Kok forsiktig til blandingen tykner nok til å dekke baksiden av en tresleiv, ca. 4 minutter.
d) Hell vaniljesausen gjennom en finmasket sil i en ren bolle. Sett bollen i et isbad og rør vaniljesausen av og til til den er kjølig, ca 20 minutter. Dekk til og avkjøl i minst 3 timer eller over natten.
e) Hell den avkjølte vaniljesausen i iskremmaskinen og følg produsentens instruksjoner.
f) Etter at isen har nådd ønsket konsistens, skrap den inn i den forhåndskjølte beholderen, dekk til og plasser den i fryseren.

36. Bivoksis

INGREDIENSER:
- 2 kopper (475 ml) tykk krem
- 1 kopp (235 ml) helmelk
- 1/3 kopp (115 g) bokhvetehonning eller litt mer honning med mild smak
- 7 store eggeplommer
- Klype salt
- 1/2 ts vaniljeekstrakt
- 1/2 kopp (115 g) bivoks, smeltet
- Middels kjele
- Treskje
- Middels bolle
- Visp
- Blender
- Finmasket sil
- Rengjør bollen
- Cling wrap
- Iskrem maskin
- Tettlukkende beholder for ferdig iskrem

BRUKSANVISNING:

a) Plasser beholderen der du planlegger å lagre den ferdige iskremen i fryseren for å avkjøle. Kombiner fløte, melk og honning i en middels kjele. Varm opp på middels varme til det knapt koker, rør ofte. Fjern fra varmen og dekk til. Sette til side.

b) I en middels bolle, visp eggeplommene. Temperer eggeplommene ved å helle litt av den varme fløten sakte i plommene mens du visper for å heve temperaturen og forhindre at eggeplommene koker. Hell deretter alt tilbake i kjelen.

c) Varm blandingen over middels varme, rør hele tiden og skrap bunnen mens du rører. Mens vaniljesausen varmes opp, rør inn salt og vaniljeekstrakt. Kok forsiktig til blandingen tykner nok til å dekke baksiden av en tresleiv, ca. 4 minutter.

d) Fjern fra varmen og visp sakte den smeltede bivoksen inn i den varme vaniljesausen. Hell hele innholdet i en blender og kjør på høy i 30 sekunder. Sil blandingen over i en ren bolle gjennom en finmasket sil for å fange opp voksfaststoffer som ikke er innarbeidet. Sett bollen i et isbad og rør vaniljesausen av og til til den er kjølig, ca 20 minutter. Dekk til og avkjøl i minst 3 timer eller over natten.

e) Hell den avkjølte vaniljesausen i iskremmaskinen og følg produsentens instruksjoner.

f) Når isen har nådd ønsket konsistens, skrap den ferdige isen inn i den forhåndskjølte beholderen, dekk til og plasser den i fryseren.

37.Honeycomb iskrem

INGREDIENSER:
- 2 kopper tung krem
- 1 kopp helmelk
- ¾ kopp granulert sukker
- 4 store eggeplommer
- 1 ts vaniljeekstrakt
- 1 kopp knust honeycomb godteri

BRUKSANVISNING:

a) I en kjele kombinerer du tykk fløte, helmelk og granulert sukker. Varm opp på middels varme til blandingen er varm, men ikke kokende, rør av og til.

b) I en separat bolle, visp eggeplommene.

c) Hell gradvis omtrent ½ kopp av den varme fløteblandingen i eggeplommene, mens du piskes konstant for å temperere plommene.

d) Hell den tempererte eggeplommeblandingen tilbake i kasserollen med den resterende fløteblandingen under konstant omrøring.

e) Kok blandingen over middels varme, mens du rører konstant, til den tykner og dekker baksiden av en skje. Ikke la det koke.

f) Ta kasserollen fra varmen og rør inn vaniljeekstrakten.

g) Overfør blandingen til en bolle og dekk den til med plastfolie, trykk folien direkte på overflaten av vaniljesausen for å forhindre at det dannes hud.

h) Avkjøl vaniljesausen i kjøleskapet i minst 4 timer eller over natten.

i) Når den er avkjølt, hell vaniljesausen i en iskremmaskin og kjerne i henhold til produsentens instruksjoner.

j) I løpet av de siste minuttene av kjerning, tilsett det knuste honeycomb-godteriet og fortsett å kjerne til det er godt blandet.

k) Ha honeycomb-isen over i en beholder med lokk og frys i noen timer for å stivne før servering.

38. Honeycomb Candy Frozen Yoghurt Bites

INGREDIENSER:
- gresk yogurt
- Honning
- Honeycomb godteri, knust
- ½ kopp ville frosne blåbær (valgfritt)

BRUKSANVISNING:
a) Kle en stekeplate med bakepapir.
b) Bland gresk yoghurt og honning i en liten bolle for å søte den etter din smak.
c) Hell små dukker av yoghurtblandingen på bakeplaten.
d) Dryss knust honningkakegodteri og bær over hver klatt.
e) Legg bakeplaten i fryseren i et par timer til yoghurtbitene er frosne.

39.Honeycomb banankake

INGREDIENSER:
- 2 kopper universalmel
- 1 ½ ts bakepulver
- ½ ts natron
- ¼ teskje salt
- ½ kopp usaltet smør, myknet
- 1 kopp granulert sukker
- 2 store egg
- 1 ts vaniljeekstrakt
- 3 modne bananer, most
- ½ kopp kjernemelk
- ½ kopp knust honeycomb godteri

BRUKSANVISNING:
a) Forvarm ovnen til 350 ° F (175 ° C) og smør en 9-tommers rund kakeform.
b) I en middels bolle, visp sammen mel, bakepulver, natron og salt. Sette til side.
c) I en separat stor bolle, flø sammen det mykede smøret og sukkeret til det er lett og luftig.
d) Pisk inn eggene ett om gangen, etterfulgt av vaniljeekstrakt.
e) Bland inn de mosede bananene til de er godt blandet.
f) Tilsett gradvis de tørre ingrediensene til de våte ingrediensene, alternerende med kjernemelk, begynn og slutt med de tørre ingrediensene. Bland til det akkurat er blandet.
g) Brett inn det knuste honeycomb-godteriet.
h) Hell røren i den forberedte kakeformen og jevn toppen med en slikkepott.
i) Stek i 35-40 minutter eller til en tannpirker som er satt inn i midten kommer ren ut.
j) Ta kaken ut av ovnen og la kaken avkjøles i formen i 10 minutter før den overføres til en rist for å avkjøles helt.
k) Når den er avkjølt, kan du froste kaken med ditt valg av frosting eller servere den som den er.

40. Mørk sjokolade honningkake

INGREDIENSER:
- 8 gram mørk sjokolade, hakket
- ½ kopp knust honeycomb godteri

BRUKSANVISNING:

a) Kle en stekeplate med bakepapir.

b) Smelt den mørke sjokoladen i en bolle som tåler mikrobølgeovn, rør hvert 30. sekund til den er jevn.

c) Hell den smeltede sjokoladen på den tilberedte bakeplaten og fordel den utover i et jevnt lag.

d) Dryss det knuste honeycomb-godteriet over den smeltede sjokoladen, trykk det lett for å feste seg.

e) Sett bakeplaten i kjøleskapet i ca 30 minutter eller til sjokoladen er stivnet.

f) Når den er satt, bryter du den mørke sjokoladebikaken i biter og serverer.

41. Honeycomb Candy Melk og frokostblandinger

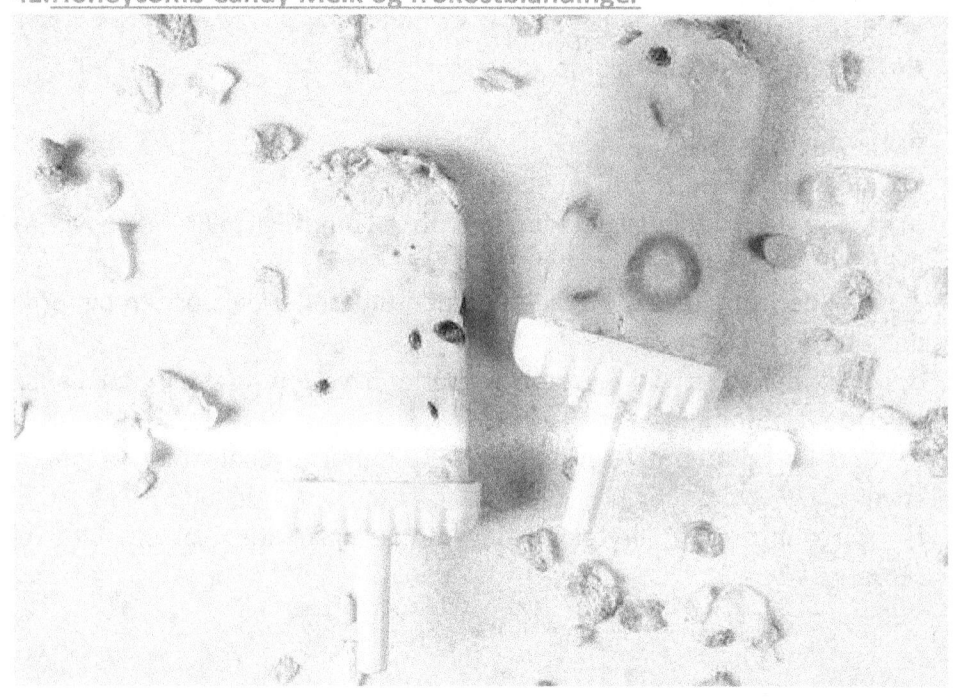

INGREDIENSER:
- 2 kopper melk (meieri eller plantebasert)
- ¼ kopp honning
- Honeycomb frokostblanding
- Honeycomb godteri, knust
- Hakkede bær, bananer eller sjokoladebiter (valgfritt)

BRUKSANVISNING:
a) I en bolle, visp sammen melk og honning til det er godt blandet.
b) Legg noen biter av knust honeycomb godteri og en liten håndfull honeycomb frokostblanding i hver popsicle form.
c) Legg til valgfrie pålegg.
d) Hell melke- og honningblandingen i formene, fyll dem til toppen.
e) Sett ispinner i hver form.
f) Frys popsiclene i minst 4-6 timer eller til de er helt frosne.
g) Fjern popsiclene fra formene og nyt.

42. Honeycomb ostekake

INGREDIENSER:
- 1 ½ kopper graham cracker smuler
- ¼ kopp smeltet smør
- 16 gram kremost, myknet
- 1 kopp sukker
- 1 ts vaniljeekstrakt
- 3 store egg
- ½ kopp knust honeycomb godteri

BRUKSANVISNING:

a) Forvarm ovnen til 325 ° F (160 ° C) og smør en 9-tommers springform.

b) I en miksebolle kombinerer du graham cracker smuler og smeltet smør. Trykk blandingen i bunnen av den forberedte pannen for å danne skorpen.

c) I en separat bolle, pisk kremost, sukker og vaniljeekstrakt til en jevn og kremaktig.

d) Tilsett eggene ett om gangen, pisk godt etter hver tilsetning.

e) Brett inn det knuste honeycomb-godteriet.

f) Hell kremostblandingen over skorpen i springformen.

g) Stek i 50-60 minutter eller til midten er stivnet.

h) Ta den ut av ovnen og la ostekaken avkjøles helt før den settes i kjøleskap i flere timer eller over natten.

i) Server avkjølt og pynt med ekstra knust honeycomb godteri om ønskelig.

43. Honeycomb Candy Gateau

INGREDIENSER:
- 2 kopper universalmel
- 2 kopper granulert sukker
- 1 kopp usaltet smør, myknet
- 4 store egg
- 1 kopp kjernemelk
- 1 ts vaniljeekstrakt
- 1 ts bakepulver
- ½ ts natron
- ¼ teskje salt
- 1 kopp knust honeycomb godteri
- Pisket krem eller frosting til dekorasjon (valgfritt)

BRUKSANVISNING:

a) Forvarm ovnen til 350 ° F (175 ° C) og smør og mel to 9-tommers runde kakeformer.

b) I en stor miksebolle, fløt sammen myknet smør og perlesukker til det er lett og luftig.

c) Pisk inn eggene, ett om gangen, etterfulgt av vaniljeekstrakt.

d) I en separat bolle, visp sammen mel, bakepulver, natron og salt.

e) Tilsett gradvis de tørre ingrediensene til de våte ingrediensene, alternerende med kjernemelk, begynn og slutt med de tørre ingrediensene. Bland til det akkurat er blandet.

f) Brett inn det knuste honeycomb-godteriet.

g) Fordel røren jevnt mellom de tilberedte kakeformene og glatt toppene med en slikkepott.

h) Stek i forvarmet ovn i 25-30 minutter eller til en tannpirker som er satt inn i midten kommer ren ut.

i) Ta kakene ut av ovnen og la kakene avkjøles i formene i 10 minutter før de overføres til en rist for å avkjøles helt.

j) Når de er avkjølt, kan du froste kakene med pisket krem eller frosting om ønskelig. Sett sammen lagene for å lage en kake i gateau-stil.

44. Honeycomb Ice Cream Sandwicher

INGREDIENSER:
- 1-liters honeycomb-is
- 12 småkaker etter eget valg (sjokoladebiter, sukker osv.)
- Knust honningkakegodteri til rulling

BRUKSANVISNING:
a) La honeycomb-isen myke litt i romtemperatur.
b) Ta en skje med iskrem og legg den på den flate siden av en kjeks.
c) Topp iskremen med en annen kake, trykk forsiktig for å lage en sandwich.
d) Rull kantene på iskremsandwichen i knust honeycomb godteri for å belegge sidene.
e) Gjenta prosessen med de resterende kjeksene og iskremen.
f) Plasser honeycomb iskremsmørbrødene i fryseren i minst 1 time eller til de er faste.
g) Server de avkjølte iskremsmørbrødene for en herlig honningkakegodbit.

45. Honning kaffekake

INGREDIENSER:
TIL KAKEN:
- 2 kopper universalmel
- 1 ½ ts bakepulver
- ½ ts natron
- ¼ teskje salt
- ½ kopp usaltet smør, myknet
- ¾ kopp granulert sukker
- 2 store egg
- 1 ts vaniljeekstrakt
- ½ kopp rømme
- ¼ kopp honning
- ¼ kopp melk

FOR STREUSEL TOPPING:
- ½ kopp universalmel
- ¼ kopp granulert sukker
- ¼ kopp pakket brunt sukker
- ½ ts malt kanel
- ¼ kopp usaltet smør, smeltet

FOR GLASUREN:
- 1 kopp melis
- 1 ss honning
- 2 ss melk

BRUKSANVISNING:
a) Forvarm ovnen til 350°F (175°C). Smør og mel en 9-tommers rund kakeform.
b) I en middels bolle, visp sammen mel, bakepulver, natron og salt. Sette til side.
c) I en stor miksebolle, fløt sammen myknet smør og perlesukker til det er lett og luftig.
d) Pisk inn eggene ett om gangen, etterfulgt av vaniljeekstrakt.
e) Tilsett rømme, honning og melk til smørblandingen og bland til det er godt blandet.
f) Tilsett gradvis de tørre ingrediensene til de våte ingrediensene, bland til de akkurat er innarbeidet. Vær forsiktig så du ikke overmikser.
g) Hell røren i den forberedte kakeformen, fordel den jevnt.

h) I en egen liten bolle blander du mel, perlesukker, brunt sukker og kanel til streusel-toppen.

i) Hell i det smeltede smøret og rør til blandingen minner om grove smuler.

j) Dryss streusel-toppen jevnt over kakerøren.

k) Stek i forvarmet ovn i 30-35 minutter, eller til en tannpirker som er satt inn i midten kommer ren ut.

l) Ta kaken ut av ovnen og la den avkjøles i formen i 10 minutter, og flytt den deretter over på en rist for å avkjøles helt.

m) Mens kaken avkjøles, tilbered glasuren ved å visp sammen melis, honning og melk til den er jevn.

n) Når kaken er avkjølt, drypp glasuren over toppen av kaken.

o) Skjær og server den deilige honningkaffekaken.

p) Nyt denne fuktige og smakfulle kaffekaken med honning med en kopp kaffe eller te!

46. Honningkake sitronkake

INGREDIENSER:
TIL KAKEN:
- 2 kopper universalmel
- 2 ts bakepulver
- ½ ts natron
- ¼ teskje salt
- ½ kopp usaltet smør, myknet
- 1 kopp granulert sukker
- 3 store egg
- Skal av 2 sitroner
- ¼ kopp fersk sitronsaft
- ½ kopp kjernemelk
- ¼ kopp honning
- 1 ts vaniljeekstrakt

FOR BIKAKEFYLLET:
- 1 kopp honeycomb godteri, knust i små biter

FOR SIMONGLASUREN:
- 1 kopp melis
- 2 ss fersk sitronsaft

BRUKSANVISNING:

a) Forvarm ovnen til 350°F (175°C). Smør og mel en 9-tommers rund kakeform.

b) I en middels bolle, visp sammen mel, bakepulver, natron og salt. Sette til side.

c) I en stor miksebolle, fløt sammen myknet smør og perlesukker til det er lett og luftig.

d) Pisk inn eggene ett om gangen, etterfulgt av sitronskall og sitronsaft.

e) Tilsett kjernemelk, honning og vaniljeekstrakt til smørblandingen, og bland til det er godt blandet.

f) Tilsett gradvis de tørre ingrediensene til de våte ingrediensene, bland til de akkurat er innarbeidet. Vær forsiktig så du ikke overmikser.

g) Hell halvparten av kakerøren i den forberedte kakeformen, fordel den jevnt.

h) Dryss det knuste honeycomb-godteriet over røren, og sørg for en jevn fordeling.

i) Hell den gjenværende kakedeigen over honeycomb-godterilaget, fordel det for å dekke fyllet.

j) Stek i forvarmet ovn i 30-35 minutter, eller til en tannpirker som er satt inn i midten kommer ren ut.
k) Ta kaken ut av ovnen og la den avkjøles i formen i 10 minutter, og flytt den deretter over på en rist for å avkjøles helt.
l) Mens kaken avkjøles, tilbereder du sitronglasuren ved å visp sammen melis og fersk sitronsaft til den er jevn.
m) Når kaken er avkjølt, drypp sitronglasuren over toppen av kaken.
n) Skjær og server den deilige honeycomb sitronkaken.

SAMMENKAKER OG GODTIS

47. Honningkaker

INGREDIENSER:
- 1/2 kopp (225 g) smør, myknet
- 1/2 kopp (115 g) mørkt brunt sukker, pakket
- 1/2 kopp (170 g) honning
- 1 egg
- 11/2 kopper (188 g) universalmel
- 1/2 ts natron
- 1/2 ts salt
- 1/2 ts kanel
- Bakepapir

BRUKSANVISNING:

a) Forvarm ovnen til 375 °F (180 °C, eller gassmerke 4).

b) Pisk sammen smør, brunt sukker, honning og egg i en middels bolle til jevn, skrap sidene av og til. Rør inn alle de resterende ingrediensene.

c) Slipp deigen med skje på et smurt eller kledd bakepapir. Stek i ca 7 til 10 minutter eller til informasjonskapslene er stivnet og kantene begynner å bli brune. Kakene vil fortsatt se skinnende ut når de er ferdige.

d) Fjern dem fra bakeplaten, legg dem på en rist og la dem avkjøle seg helt. Disse nytes best ferske, men om nødvendig holder de seg i flere dager i en lufttett beholder.

48. Energibiter

INGREDIENSER:
- 2 kopper (160 g) havre
- 1 kopp (vekten vil variere) frø
- 1/2 kopp (vekten vil variere) nøtter, hakket
- 1/2 kopp (vekten vil variere) tørket frukt hakket om nødvendig
- 2 ss (44 g) linfrø, malt
- 2/3 kopp (230 g) honning
- 1/2 til 3/4 kopp (130 til 195 g) nøttesmør
- 1 ss (15 ml) vaniljeekstrakt
- 4 ss (36 g) pollen
- Middels bolle
- Liten skål
- Treskje

BRUKSANVISNING:
1. Mål opp alle de tørre ingrediensene i en middels bolle. Sette til side.
2. Mål opp honningen og nøttesmøret i en liten bolle. Varm blandingen litt for å gjøre det lettere å røre. Tilsett vaniljeekstrakt og pollen. Rør for å kombinere.
3. Tilsett honningnøttesmørblandingen til de tørre ingrediensene og bland godt.
4. Form baller på omtrent 4 cm i diameter. Oppbevares i en lufttett beholder i kjøleskapet. De holder seg i flere uker hvis de oppbevares i kjøleskapet.

49. Honning karameller

INGREDIENSER:
- 1 kopp (235 ml) tung krem
- 1 vaniljestang, delt på langs
- 3 ss (15 g) usøtet kakaopulver (valgfritt)
- 11/3 kopper (267 g) sukker
- 2/3 kopp (230 g) honning
- 1 pinne (4 unser, eller 112 g) usaltet smør, myknet og kuttet i biter
- 1 ts grovt havsalt
- Bakebolle, 9 tommer x 9 tommer (23 cm x 23 cm)
- Vokspapir
- Liten kjele
- Stor kjele
- Visp
- Godteritermometer
- Skarp kniv
- Skjærefjøl

BRUKSANVISNING:
1. Kle bakebollen med vokspapir, og la lange overheng på to sider.
2. Kombiner fløten og den delte vaniljestangen i en liten kjele og la det småkoke på svak varme i 10 minutter. Fjern vaniljestangen, skrap ut frøene og tilsett fløten. Tilsett kakaopulveret, hvis ønskelig, og rør for å kombinere. Hold deg varm på lav varme.
3. Kombiner sukker og honning i en stor kjele. Løs opp honning- og sukkerblandingen på middels varme uten å røre til den er jevn og smeltet. Fortsett å varme opp blandingen til den har blitt mørkere til en dyp karamellfarge, ca 5 minutter. Følg nøye med – sukker brenner seg raskt!
4. Ta av varmen og visp inn smørklumpene en om gangen. Når alt smøret er tilsatt, visp inn den varme vaniljekremblandingen.
5. Kok opp gryten på middels varme og fortsett å koke til blandingen når hardballstadiet (se sidefelt). Fjern fra varmen og hell karamellen i den forberedte pannen.
6. Sett pannen i kjøleskapet i ca 10 minutter for å sette seg litt og dryss deretter toppen av karameller med havsalt. La karamellene stå i romtemperatur i omtrent en time eller til de er helt avkjølt.
7. For å fjerne fra pannen, dra forsiktig i vokspapiret og fjern karamellblokken fra pannen. Skjær i firkanter med en skarp kniv og pakk inn i små stykker vokspapir.
8. Oppbevar de innpakkede karamellene i en lufttett beholder for å unngå at de trekker til seg fuktighet og blir gummiaktige på utsiden. Forutsatt at de ikke blir spist først, bør de holde seg i flere uker.

50.Peppermyntekaker

INGREDIENSER:
- 3,5 til 4 unser (100 til 115 g) bittersøt sjokolade
- 3 ss (60 g) fast honning
- 1/4 ts peppermynteolje (matkvalitet)
- Dobbel kjele
- 1/2 ts måleskje
- Mini-muffinsform av silikon
- Liten skål
- Skje
- Godterifolie

BRUKSANVISNING:

a) Smelt sjokoladen i en dobbel kjele. Når den er smeltet, drypp ca 1/2 ts av sjokoladen i bunnen av hver silikon mini-muffinskopp. Bruk skjeen til å fordele sjokoladen litt oppover sidene og la den stivne.

b) Bland honning og peppermynteolje i en liten bolle.

c) Når det første laget med sjokolade har stivnet, hell en klatt av honningblandingen i midten av hver kopp og topp med resten av den smeltede sjokoladen. Jeg pleier å begynne å duske rundt utsiden og jobbe mot midten. Avkjøl godt og stikk ut av formene.

d) Oppbevares i en lufttett beholder. Holder seg i flere måneder.

AKKOMPAGEMENT

51. Honningsennep

INGREDIENSER:

- 1/4 kopp (44 g) gule sennepsfrø
- 1/4 kopp (60 ml) vann
- 2 ss (28 ml) eplecidereddik
- 1/4 ts salt
- 2 til 4 ss (40 til 85 g) honning
- Hermetikkboks med bred munn (475 ml).
- Fordypningsblender
- Målekopper og skjeer

BRUKSANVISNING:

a) Mål sennepsfrøene inn i hermetikkbeholderen på størrelse med en halvliter (475 ml). Tilsett vannet og la stå i et par minutter. Tilsett eddik, dekk glasset med lokk og sett i kjøleskap over natten.

b) Dagen etter vil frøene ha sugd opp det meste av væsken. Bruk en stavmikser til å pure innholdet i glasset så mye du ønsker. Tilsett salt og honning og bland godt.

c) Legg på lokket og sett sennep i kjøleskap i flere dager, la den myke litt før du vurderer smaken. Holder seg i flere måneder i kjøleskapet.

52. Honning avokadodressing

INGREDIENSER:

- 1/2 kopp (120 ml) druefrøolje
- 2 ss (40 g) honning eller fermentert honninghvitløk (vist her)
- 2 fedd hvitløk
- 1 middels avokado, skrellet, uthulet og hakket
- 1/4 kopp (60 ml) limejuice
- 1/4 kopp (4 g) hakket koriander
- Salt og sort pepper etter smak
- Blender
- Stekespade
- Lufttett beholder

BRUKSANVISNING:

a) Kombiner olje, honning, hvitløk, avokado, limejuice og koriander i en blender og smak til med salt og pepper. Puré til glatt.
b) Bruk en slikkepott til å overføre dressingen til en lufttett beholder.
c) Avkjøl i opptil 3 dager.

53. Honningvinaigrette med pollen

INGREDIENSER:

- 1/4 kopp (60 ml) ekstra virgin olivenolje
- 1/4 kopp (60 ml) sitronsaft
- 1/4 kopp (60 ml) eplecidereddik
- 2 ss (30 g) honningsennep
- 1 1/2 ss (14 g) biepollen
- 1 fedd hvitløk, finhakket
- 1 til 2 ts honning (avhengig av sødme av honning sennep)
- 1/2 ts spisskummen
- 1/2 ts søt paprika
- Salt og pepper etter smak
- Pint (475 ml) krukke eller karaffel med lokk

BRUKSANVISNING:

a) Bland alle ingrediensene i en krukke eller karaffel.
b) Avkjøl i flere timer for at smakene skal smelte sammen og pollengranulene brytes fra hverandre.
c) Bland godt før servering.
d) Holder seg ca 1 uke i kjøleskap.

54. Honning grillsaus

INGREDIENSER:
- 1 kopp (240 g) ketchup
- 1 kopp (235 ml) hvit eddik
- 2 ss (40 g) melasse
- 1 kopp (340 g) honning
- 1 ts salt
- 1/2 ts pepper
- 2 ts tørr sennep
- 1 ts paprika
- 1 1/2 ts hvitløkspulver
- 1 1/2 ts løkpulver
- Middels kjele
- Visp
- Lufttett beholder

BRUKSANVISNING:

a)   I en middels kjele, visp alle ingrediensene og varm opp over middels varme. La grillsausen småkoke i 10 til 15 minutter.

b)   Fjern fra varmen og la avkjøles.

c)   Ha over i en lufttett beholder og oppbevar i kjøleskapet til den skal brukes. Bruk innen 1 måned.

55. Røkt honning

INGREDIENSER:
- Honning
- Røyker flis
- Røyker eller grill
- Foliebrett
- Treskje
- Foliebrettlokk, folie eller plastfolie
- Lufttette beholdere

BRUKSANVISNING:

a) Hell honningen i foliebrett (sørg for at honningen ikke er tykkere enn 1 cm for maksimal eksponering).

b) Plasser foliebrettene på rist i røykeovnen eller grillen.

c) Kaldrøyk honningen i 30 minutter for mindre røykere eller 60 minutter for større røykere. Rør hvert 15. til 20. minutt.

d) Fjern brettene fra røykeovnen eller grillen.

e) Dekk brettene med lokk, folie eller plastfolie og sett til side (innendørs) ved romtemperatur i 24 timer.

f) Smak på den røkte honningen, bland med ikke-røykt honning hvis den røkte smaken er for sterk for din smak.

g) Hell den røkte honningen i lufttette beholdere som glasskrukker med lokk.

h) Denne kan brukes umiddelbart eller oppbevares i romtemperatur som med vanlig honning. Rør honningen før bruk.

GJÆRET MAT

56. Fermentert ketchup

INGREDIENSER:
- 2 bokser (6 unser, eller 170 g, hver) tomatpuré
- 3 ss (60 g) honning
- 3 ss (45 ml) eplecidereddik
- 2 ss (28 ml) myse
- 1/4 ts løkpulver
- 1/2 ts salt
- 1/8 ts sort pepper
- 1/8 ts allehånde
- Rengjør en halvliter (475 ml) krukke
- Hermetikklokk eller lokk med luftsluse

BRUKSANVISNING:
a)   Kombiner alle ingrediensene i en hermetikkboks på størrelse med en halvliter (475 ml), smak og juster krydder etter behov. Dekk til med en luftsluse eller vanlig lokk.
b)   La den hjemmelagde ketchupen stå i romtemperatur i 2 til 3 dager. Hvis du bruker et vanlig lokk, åpner du glasset hver dag eller så for å slippe ut gassene. Dette er ikke nødvendig hvis en luftsluse brukes.
c)   Oppbevar ketchupen i kjøleskapet i ytterligere 3 dager før den nytes. Holder seg i flere uker.

57. Fermentert honning hvitløk

INGREDIENSER:
- 3 til 5 hvitløksløker
- Omtrent 1 kopp (340 g) rå honning
- Rengjør en halvliter (475 ml) krukke med lokk

BRUKSANVISNING:
a) Skrell hvitløksfeddene og knus dem lett.
b) Fyll en halvliters krukke (475 ml) omtrent tre fjerdedeler full av hvitløk og tilsett nok honning til å dekke mens du har nok hodeplass i krukken til at gjæringen kan boble, minst 2,5 til 5 cm. Skru lokket på glasset og la det hvile på benken i 1 måned.
c) Burp glasset hver dag ved å ta av lokket og slippe ut den oppbygde luften. Etter 1 måned oppbevares i kjøleskapet.

58. Fermenterte honning-tyttebær

INGREDIENSER:
- 1 pose (12 unser, eller 340 g) ferske tranebær
- Skal av en appelsin
- Honning til å dekke, omtrent 12 gram, eller 340 g
- Sil
- Kjøkkenmaskin
- Rengjør liter (950 ml) hermetikkbeholder med lokk

BRUKSANVISNING:

a) Skyll og sorter tyttebærene og pulser deretter bærene lett i en foodprosessor. Målet er å bryte dem åpne, ikke pure dem.

b) Tilsett bærene og appelsinskallet i en liter (950 ml) hermetikkkrukke. Hell honningen over tyttebærene og fyll glasset sakte, stopp 2,5 til 5 cm fra toppen.

c) Lukk glasset og plasser glasset på et varmt, mørkt sted. Snu glasset daglig i 1 til 2 uker til honningen tynnes, og la deretter tranebærene gjære i ytterligere 4 til 6 uker. Oppbevares på et kjølig sted.

59.Fermentert probiotisk honningbærbrus

INGREDIENSER:
- 5 kopper (1,2 L) vann
- 5 kopper (vekten vil variere) bær (knust)
- 3/4 kopp (170 g) honning
- 1/2 kopp (120 ml) fersk myse (se Siling Yoghurt for Whey, vist her)
- Ekstra vann etter smak
- Stor kjele
- Termometer
- Sil eller sil
- Rengjør 1/2-gallon (1,9 L) hermetikkbeholder av glass med luftlåslokk
- Treskje
- Rengjør flip-top-flasker

BRUKSANVISNING:

a) La vannet og bærene småkoke i en kjele i ca 30 minutter. La blandingen avkjøles til ca. 100°F (38°C).

b) Sil bærvæsken gjennom en sil over i den tilberedte gjæringskrukken. Tilsett honningen i glasset, bland for å oppløse den helt. Tilsett myse og mer vann etter smak. Blandingen blir ganske søt, men mye av den sødmen vil bli brukt opp under gjæringen.

c) Forsegl glasset med et luftlåslokk og la stå på et varmt sted på benken i ca. 3 dager. Se etter brus og syrlighet. Fermentering kan ta opptil 1 uke eller mer avhengig av temperatur under gjæringen og mysens styrke. Jo varmere rommet er og jo lengre gjæring, jo mer brus og syrlig blir brusen.

d) Når den har nådd ønsket syrlighet og svimmelhet, overfør brusen til flip-top-flaskene og avkjøl for å bremse gjæringen til brusen kan konsumeres. Brusen er vanligvis best når den konsumeres innen 2 uker.

60. Tepache

INGREDIENSER:
- 1/2 av en ananas kuttet i biter (la skinnet være på.)
- 1/2 kopp (170 g) mørk honning
- 4 kopper (950 ml) vann
- 2 hele nellik
- 2 tamarindbelger
- 1 kanelstang
- Kniv og skjærebrett
- Rengjør 1/2 gallon (1,9 L) glasskrukke
- Treskje
- Bomullsklut eller håndkle
- Sil

BRUKSANVISNING:
a) Vask ananasen og kutt i biter.
b) Bland honning og vann i 1,9 liters glasset til det er helt oppløst.
c) Legg ananasbitene i glasset og dekk til med en bomullsklut eller et håndkle. Sett glasset til side på et kjølig, tørt sted vekk fra direkte sollys og la den gjære i 3 til 4 dager. Det vil bli overskyet og utvikle et ufarlig hvitt skum som kan skummes av.
d) Sil den ferdige tepachen over i en mugge og avkjøl til den er godt avkjølt. Server over is. Dette er best konsumert innen noen få dager etter belastning.

DRIKKER

61. Grunnleggende honningsirup

INGREDIENSER:
- 1/2 kopp (170 g) honning
- 1/2 kopp (120 ml) vann
- Middels kjele
- Treskje

BRUKSANVISNING:
a) Varm honningen og vannet over middels varme til honningen er helt oppløst og blandingen er homogen. Ikke kok.
b) La avkjøles helt før bruk. Den kan oppbevares i kjøleskapet i opptil 2 uker.

62. Ingefærøl

INGREDIENSER:
- 2 ss (28 ml) sterk ingefærhonning enkel sirup
- 6 unser (175 ml) musserende vann
- Is
- Vri av limeskall
- Cocktailglass
- Cocktailrørepinne

BRUKSANVISNING:
a) Hell sirup og musserende vann over is.
b) Rør forsiktig for å kombinere.
c) Tilsett limeskallet og nyt.

63. Mandarin Fiz

INGREDIENSER:
- 1/2 kopp (120 ml) fersk mandarin- eller mandarinjuice
- 1/2 ts sitronsaft
- 2 ss (28 ml) enkel honningsirup
- 1/2 kopp (120 ml) musserende bringebærvann
- Is
- En håndfull friske bringebær til pynt
- Cocktailglass
- Cocktailrørepinne

BRUKSANVISNING:
a) Hell alle ingrediensene over isen.
b) Rør forsiktig for å kombinere.
c) Pynt med bringebær.

64. Agurk sitrongress honningcocktail

INGREDIENSER:
- 3/4 kopp (175 ml) agurkjuice (ca. 225 g skrellede agurker) og et agurkspyd til pynt
- 2 ss (28 ml) sitrongresshonning enkel sirup
- 1 shot (1,5 unser, eller 42 ml) vodka eller gin
- Is
- Juicer eller blender
- Cocktailglass
- Cocktailrørepinne

BRUKSANVISNING:
a) Juice 1/2 pund (225 g) av agurker (eller mer om nødvendig) i en juicer for å gi 3/4 kopp (175 ml) med agurk juice.
b) Hell den enkle sirupen av sitrongresshonning, agurkjuice og vodka eller gin over isen.
c) Rør forsiktig for å kombinere.
d) Pynt med agurkspyd.

65.Aprikos Kardemomme Cocktail

INGREDIENSER:
- 3 unser (90 ml) aprikosnektar
- 2 ss (28 ml) kardemommehonning enkel sirup
- 1/2 ss lavendel honning enkel sirup
- Skvett grapefruktjuice
- 1 shot (1,5 unser, eller 42 ml) konjakk
- Is
- Cocktailglass
- Cocktailrørepinne

BRUKSANVISNING:
a) Hell alle ingrediensene over isen.
b) Rør forsiktig for å kombinere.

66.Tequila honningcocktail

INGREDIENSER:
- 2 unser (60 ml) tequila
- 3 ss (45 ml) grunnleggende honningsirup (eller prøv en variant av honningsirup, for eksempel kardemomme)
- 1 1/2 ss (23 ml) fersk sitronsaft
- Is
- 2 dæsj Angostura bitters
- Sitronskall vri til pynt
- Cocktailshaker
- Cocktailglass

BRUKSANVISNING:
a) Tilsett tequila, honningsirup og sitronsaft i en shaker med is og rist til den er avkjølt.
b) Hell over i et cocktailglass og tilsett 2 skvetter av bitteren.
c) Pynt med et sitronskall.

67. Litauisk honningbrennevin

INGREDIENSER:

- 2 1/4 kopper (765 g) honning
- 1 liter (950 ml) vann
- 8 hele nellik
- 3 kanelstenger
- 10 kardemommebelger, sprukket
- 1/2 av en hel muskatnøtt, sprukket
- 5 hele allehånde, sprukket
- 1 1/2 ts sorte pepperkorn
- 1 ts fennikelfrø
- 3-tommers (7,5 cm) ingefærrot, kuttet i tykke skiver
- Skal av 1 appelsin, kun skall, ingen marv
- Skal av 1/2 sitron, kun skall, ingen marg
- 1 vaniljestang, delt og skrapt
- 1 flaske (750 ml) 190 proof korn alkohol
- Stor gryte
- Treskje
- Sil
- Flasker med topp, nok til å holde 2 liter (1,9 L)

BRUKSANVISNING:

a) Lag en batch rett etter honninghøst, slik at noen er klare til julegavesesongen.

b) 1. Kok opp honningen og vannet i en stor gryte. Skum av alt skum som dukker opp.

c) 2. Tilsett alle andre ingredienser unntatt kornalkoholen. La småkoke uten lokk i 30 minutter.

d) 3. Slå av varmen og tilsett kornalkoholen til den fortsatt varme blandingen, rør for å kombinere. Sil blandingen.

e) 4. Hell på rene, sterile flasker og sett til side i minst 2 uker, lenger hvis mulig.

68. Hyllebær tonic

INGREDIENSER:

- 2 kopper (290 g) ferske hyllebær
- 3 kopper (700 ml) vann
- 1 kopp (340 g) honning
- 1 flaske (750 ml) ren korn alkohol, vodka eller konjakk
- Middels kjele
- Potetmoser
- Sil
- Flasker med topp, nok til å holde 1 liter (950 ml)

BRUKSANVISNING:

f) 1. Ha hyllebærene og vannet i en kjele. Knus bærene med en potetstapper for å frigjøre saften. Kok opp og la avkjøles.

g) 2. Rør inn honningen og alkoholen.

h) 3. Hell på rene, sterile flasker og la den eldes i minst 1 måned.

69. Gurkemeie Honey Super Booster

INGREDIENSER::

- 1/4 kopp (85 g) rå honning
- 1 ts sitronskall
- 1 spiseskje (7 g) malt gurkemeie
- 2 ss (28 ml) rå ufiltrert eplecidereddik
- Visp
- Liten skål
- Lufttett beholder

BRUKSANVISNING:

a)   Visp alle ingrediensene sammen i en liten bolle til den er jevn. Hell i en lufttett beholder og avkjøl i opptil 1 uke.

b)   For å bruke, tilsett bare 1 ss (15 ml) i litt varmt vann og drikk.

70. Honeycomb Martini

INGREDIENSER:
- 2 gram vodka
- ½ unse honningsirup (bland like deler honning og varmt vann)
- ½ unse fersk sitronsaft
- ½ unse trippel sek
- Knust honeycomb godteri til pynt

BRUKSANVISNING:
a) Fyll en cocktailshaker med is.
b) Tilsett vodka, honningsirup, fersk sitronsaft og triple sec til shakeren.
c) Rist godt til blandingen er avkjølt.
d) Sil cocktailen over i et avkjølt martiniglass.
e) Pynt kanten på glasset med knust honeycomb godteri.
f) Server honeycomb martini avkjølt og nyt!

71. Honeycomb Margarita

INGREDIENSER:
- 2 gram tequila
- 1 unse limejuice
- ½ unse appelsinlikør (f.eks. Triple Sec)
- 1 ss honning
- ¼ kopp knust honeycomb godteri
- Limekiler og ekstra honning for å kante glasset (valgfritt)

BRUKSANVISNING:

a) Rim et margaritaglass med honning (valgfritt) og dypp det i knust honeycomb godteri for å belegge kanten.

b) Kombiner tequila, limejuice, appelsinlikør og honning i en shaker fylt med is.

c) Rist kraftig til den er godt blandet og avkjølt.

d) Sil margaritaen over i det forberedte glasset fylt med is.

e) Pynt med en limekive og nyt honningkakemargaritaen.

72.Honeycomb tropisk Mocktail

INGREDIENSER:
- ½ kopp ananasjuice
- ½ kopp appelsinjuice
- ¼ kopp sitronsaft
- ¼ kopp pasjonsfruktjuice
- ¼ kopp honning
- ¼ kopp honeycomb godteri, knust
- Club brus eller musserende vann
- Sitronskiver og mynteblader til pynt (valgfritt)

BRUKSANVISNING:

a) I en mugge kombinerer du ananasjuice, appelsinjuice, sitronsaft, pasjonsfruktjuice, honning og knust honningkakegodteri.
b) Rør til honningkakegodteriet er oppløst.
c) Fyll glass med isbiter.
d) Hell honeycomb godteri blandingen over isen, fyll hvert glass omtrent halvveis.
e) Topp med club soda eller musserende vann.
f) Pynt med sitronskiver og mynteblader om ønskelig.
g) Server og nyt denne forfriskende og sprudlende honeycomb-godteri-mocktailen.

73. Honeycomb Candy gammeldags

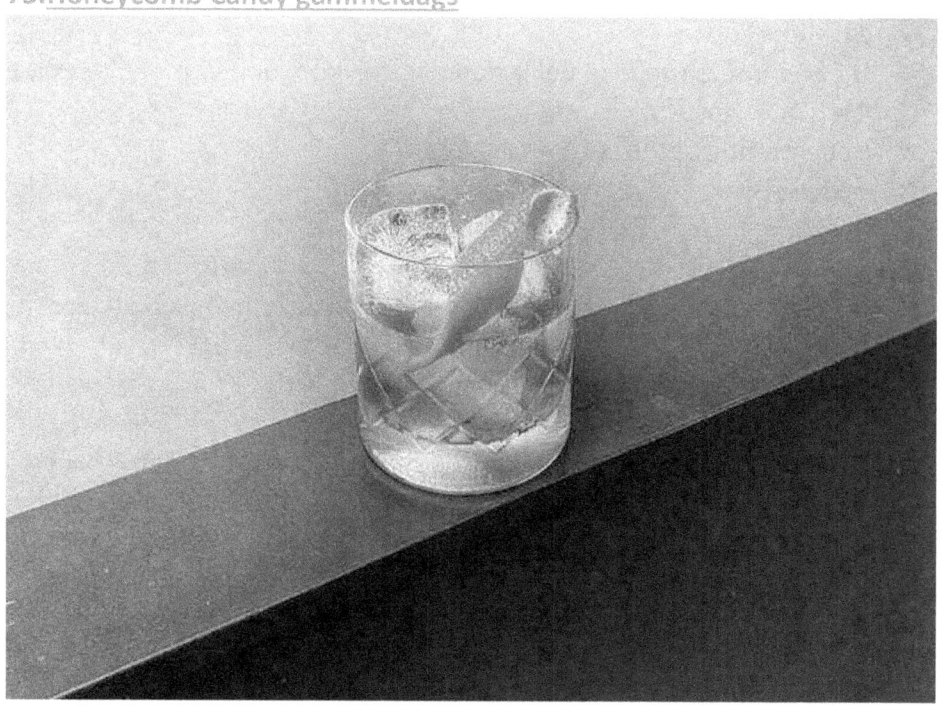

INGREDIENSER:
- 2 oz bourbon
- ½ oz honningsirup (like deler honning og vann, oppvarmet og avkjølt)
- Dash of Angostura bitters
- Honeycomb godteri, til pynt
- Appelsinskall, til pynt

BRUKSANVISNING:
a) I et gammeldags glass blander du et lite stykke honningkakegodteri og honningsirup.
b) Tilsett bourbon og bitter i glasset og rør forsiktig.
c) Fyll glasset med isbiter.
d) Pynt med et stykke honningkakegodteri og en vri av appelsinskall.
e) Nyt denne rike og smakfulle honeycomb godteri Old Fashioned cocktail.

74. Honeycomb Candy Mojito Mocktail

INGREDIENSER:
- ½ lime, kuttet i terninger
- 10 friske mynteblader
- 2 ss honeycomb godteri sirup
- Club soda
- Knust is
- Myntekvist, til pynt

BRUKSANVISNING:

a) I et glass blander du limekiler, mynteblader og honeycomb godteri sirup.
b) Fyll glasset med knust is.
c) Topp med club soda og rør forsiktig.
d) Pynt med en myntekvist.

75.Honeycomb Candy Punch

INGREDIENSER:
- 2 kopper ananasjuice
- 1 kopp appelsinjuice
- ½ kopp honeycomb godteri sirup
- ¼ kopp sitronsaft
- 2 kopper ingefærøl
- Knust is
- Sitronskiver og honeycomb godteri, til pynt

BRUKSANVISNING:

a) I en punchbolle kombinerer du ananasjuice, appelsinjuice, honeycomb godteri sirup og sitronsaft.
b) Rør godt for å blande smakene.
c) Tilsett knust is i punchbollen.
d) Rett før servering hell du i ingefærølet og rør forsiktig.
e) Pynt med sitronskiver og biter av honningkakegodteri.
f) Nyt denne fruktige og sprudlende honeycomb-godteri-punchen.

76. Honeycomb Cereal White Russian

INGREDIENSER:
- 1 oz vodka
- 1 oz kaffelikør
- 1 oz fløte eller melk
- 1 ss honeycomb frokostblanding
- Honeycomb godteri, til pynt

BRUKSANVISNING:
a) Kombiner vodka, kaffelikør og fløte i et glass.
b) Rør godt for å blande.
c) Tilsett honeycomb frokostblanding og la det trekke i blandingen i noen minutter.
d) Fyll glasset med isbiter.
e) Pynt med et stykke honningkakegodteri.
f) Nyt denne kremete og knasende honeycomb frokostblandingen, White Russian.

77. Honeycomb Candy Spritzer

INGREDIENSER:
- ½ kopp musserende vann
- ½ kopp sitron-lime brus
- 2 ss honeycomb godteri sirup
- Knust is
- Sitronskiver og mynteblader, til pynt

BRUKSANVISNING:
a) Kombiner sprudlende vann, sitron-lime brus og honeycomb godteri i et glass.
b) Rør forsiktig for å blande smakene.
c) Fyll glasset med knust is.
d) Pynt med sitronskiver og mynteblader.
e) Nyt denne sprudlende og forfriskende honeycomb candy spritzer-mocktailen.

78. Honeycomb Candy Whisky Smash

INGREDIENSER:
- 2 oz whisky
- ½ oz sitronsaft
- ½ oz honeycomb godteri sirup
- Friske mynteblader
- Knust is
- Sitronskive og myntekvist, til pynt

BRUKSANVISNING:

a) I en cocktailshaker blander du noen mynteblader med sitronsaft og honeycomb godteri sirup.
b) Tilsett whisky og is i shakeren.
c) Rist godt for å kombinere smakene.
d) Fyll et glass med knust is.
e) Sil cocktailen over i glasset.
f) Pynt med en sitronskive og en myntekvist.
g) Nyt denne urteaktige og søte honeycomb candy whisky-smashen.

79.Honeycomb Candy Pina Colada

INGREDIENSER:
- 1 kopp ananasjuice
- ½ kopp kokosmelk
- ¼ kopp honeycomb godteri sirup
- Knust is
- Ananaskive, og kirsebær til pynt

BRUKSANVISNING:
a) I en blender kombinerer du ananasjuice, kokosmelk og honeycomb godteri sirup.
b) Tilsett en håndfull knust is i blenderen og kjør til den er jevn.
c) Hell mocktailen i et glass.
d) Pynt med en ananasbit og kirsebær.

INFUSERT HONNING

80. Sitroninfundert honning

INGREDIENSER:
- 1 kopp honning
- 1 ss revet sitronskall
- 2 skiver fersk sitron

BRUKSANVISNING:
a) Bruk i dressinger, marinader, drinker, søtsaker og bakevarer.
b) For infusjoner klar til bruk med en gang, bruk juice og skall.

81. Honning med appelsin

INGREDIENSER:
- Skal av 4 økologiske appelsiner
- ¾ kopp honning

BRUKSANVISNING:
a) Ha appelsinskallet i en tom krukke.
b) Hell i den rå honningen og sørg for at alle ingrediensene er helt nedsenket.
c) Lukk lokket godt og la det stå i solen.
d) Snu glasset minst en gang om dagen.
e) La denne blandingen bli infundert i minst en uke eller opptil 3-4 uker.
f) Sil og oppbevar på et kjølig og mørkt sted for å opprettholde friskheten.
g) Dette er et flott tillegg til kaker og muffins eller er velsmakende rørt inn i yoghurt eller cottage cheese.

82. Honning med sitronsmør

INGREDIENSER:
- ¾ kopp honning
- 3 ss smør
- 1 ts sitronsaft
- ¼ ts vanilje

BRUKSANVISNING:
a) Varm honning og smør.
b) Avkjøl og tilsett sitronsaft og vanilje.
c) Server med pannekaker eller vafler.

83. Ferskeninfundert honning

INGREDIENSER:
- 1 pund fersken, skrellet, uthulet og oppskåret eller tørket fersken
- 3 ss honning
- 1 ts ferskpresset sitronsaft

BRUKSANVISNING:
a) Bland alle ingrediensene i en foodprosessor i 3 minutter til en jevn puré. Hell over i en klemflaske.
b) Ferskenhonning kan oppbevares i kjøleskapet i 1 til 2 uker.

84. Honning med pære og eple

INGREDIENSER:
- 6 pærer, skrelles og kjernekjernes
- 2 epler, skrelt og kjernehus
- Skallen av 1 appelsin
- 1½ pund sukker

BRUKSANVISNING:
a) Mal pærer, epler og appelsiner.
b) Tilsett sukker og kok i 20 minutter, rør ofte.
c) Tilsett revet appelsinskall. Kok til den er tykk.

85.Rosa grapefruktinfundert honning

INGREDIENSER:
- ½ gallon Rosa eller rubinrød grapefruktjuice
- 2 ss honning
- ½ kopp Triple Sec likør

BRUKSANVISNING:
a) Kombiner juice, honning og likør.
b) Avkjøl.
c) Server som dessert.

86. Quince Infundert honning

INGREDIENSER:
- 3 store kvede
- 1 stort eple
- 1 halvliter vann

BRUKSANVISNING:
a) Mal eller riv kvede og eple.
b) Ha vann på frukten og kok i 20 minutter.
c) Følg instruksjonene på pektinpakken for sukker og matlagingsanvisninger.

87. Kanel-eplehonning

INGREDIENSER:
- 1 liter søt eplecider
- 8 kopper, parede, kjernekjernede og firkantede kokepler
- 1 sitron, skrelt, skåret i skiver og frø
- 1 kopp honning
- ½ kopp pakket brunt sukker
- 1 ss malt kanel

BRUKSANVISNING:
a) Varm cider til koking i en nederlandsk ovn uten lokk i ca 15 minutter.
b) Tilsett epler og sitron. Varm opp til koking; redusere varmen.
c) La det småkoke uten lokk i ca 1 time, rør av og til til eplene er veldig myke.
d) Rør inn honning og kanel.
e) Varm opp til koking; redusere varmen.
f) La det småkoke uten lokk i ca 1-½ time, rør av og til til ingen væske skiller seg fra fruktkjøttet.
g) Hell blandingen umiddelbart i varme, steriliserte krukker, og la det være ¼-tommers headspace.
h) Tørk av kantene på krukker; Tetning. Avkjøl på rist i 1 time.
i) Oppbevares i kjøleskap i opptil 2 måneder.

88. Hylleblomstinfundert honning

INGREDIENSER:
- ¼ kopp hylleblomst (tørket eller fersk - økologisk)
- 1 kopp lokal rå honning (rennende)

BRUKSANVISNING:
a) Tilsett de tørre ingrediensene i glasset
b) Dekk helt med honning
c) Forsegling topp
d) La honningen sitte og trekke i en måned, lenger om ønskelig
e) Press
f) Sett silt honning tilbake i en krukke og gi den eller bruk etter ønske!

89. Syrininfundert honning

INGREDIENSER:
- ¼ kopp syrin (tørket eller fersk - økologisk)
- 1 kopp lokal rå honning (rennende)

BRUKSANVISNING:
a) Tilsett de tørre ingrediensene i glasset
b) Dekk helt med honning
c) Forsegling topp
d) La honningen sitte og trekke i en måned, lenger om ønskelig
e) Press
f) Sett silt honning tilbake i en krukke og gi den eller bruk etter ønske!

90.Jasmin tilført honning

INGREDIENSER:
- ¼ kopp Jasmin (tørket eller fersk - økologisk)
- 1 kopp lokal rå honning (rennende)

BRUKSANVISNING:
a) Tilsett de tørre ingrediensene i glasset
b) Dekk helt med honning
c) Forsegling topp
d) La honningen sitte og trekke i en måned, lenger om ønskelig
e) Press
f) Sett silt honning tilbake i en krukke og gi den eller bruk etter ønske!

91.Tulsi-infundert honning

INGREDIENSER:
- 1 kopp honning
- 5-10 Tulsi-blader
- Honning med roseblader

BRUKSANVISNING:
a) Legg Tulsi-bladene i en tom krukke.
b) Hell i den rosenfunderte honningen og sørg for at alle ingrediensene er helt nedsenket.
c) Lukk lokket godt og la det stå i solen.
d) Snu glasset minst en gang om dagen.
e) La denne blandingen bli infundert i minst en uke eller opptil 3-4 uker.
f) Sil og oppbevar på et kjølig og mørkt sted for å opprettholde friskheten.

92. Honning med kanel

INGREDIENSER:
- 1 kopp honning
- 5 kanelstenger
- 1 klype pulverisert kanel

BRUKSANVISNING:
a) Legg kanelen i en tom krukke.
b) Hell i den rå honningen og sørg for at alle ingrediensene er helt nedsenket.
c) Lukk lokket godt og la det stå i solen.
d) Snu glasset minst en gang om dagen.
e) La denne blandingen bli infundert i minst en uke eller opptil 3-4 uker.
f) Sil og oppbevar på et kjølig og mørkt sted for å opprettholde friskheten.

93. Honning med ingefær

INGREDIENSER:
- 1 kopp honning
- 1 ts finhakket ingefær
- 1 klype ingefærpulver

BRUKSANVISNING:

a) Ha ingefæren i en tom krukke.

b) Hell i den rå honningen og sørg for at alle ingrediensene er helt nedsenket.

c) Lukk lokket godt og la det stå i solen.

d) Snu glasset minst en gang om dagen.

e) La denne blandingen bli infundert i minst en uke eller opptil 3-4 uker.

f) Sil og oppbevar på et kjølig og mørkt sted for å opprettholde friskheten.

g) Denne infusjonen er deilig i marinader til kylling- og grønnsaksrører.

94. Vaniljeinfundert honning

INGREDIENSER:
- 1 kopp honning
- 1 vaniljestang
- ½ teskje vaniljeessens

BRUKSANVISNING:

a) Ha vaniljestangen og essensen i en tom krukke.

b) Hell i den rå honningen og sørg for at alle ingrediensene er helt nedsenket.

c) Lukk lokket godt og la det stå i solen.

d) Snu glasset minst en gang om dagen.

e) La denne blandingen bli infundert i minst en uke eller opptil 3-4 uker.

f) Sil og oppbevar på et kjølig og mørkt sted for å opprettholde friskheten.

95. Stjerneanis-infundert honning

INGREDIENSER:
- ⅛ kopp hele og delvis knuste belger stjerneanis
- ½ kopp honning

BRUKSANVISNING:
a) Legg stjerneanisen i en tom krukke.
b) Hell i den rå honningen og sørg for at alle ingrediensene er helt nedsenket.
c) Lukk lokket godt og la det stå i solen.
d) Snu glasset minst en gang om dagen.
e) La denne blandingen bli infundert i minst en uke eller opptil 3-4 uker.
f) Sil og oppbevar på et kjølig og mørkt sted for å opprettholde friskheten.

96.fedd-infundert honning

INGREDIENSER:
- ⅛ kopp hele nellik
- ½ kopp honning

BRUKSANVISNING:
a) Legg hele nellik i en tom krukke.
b) Hell i den rå honningen og sørg for at alle ingrediensene er helt nedsenket.
c) Lukk lokket godt og la det stå i solen.
d) Snu glasset minst en gang om dagen.
e) La denne blandingen bli infundert i minst en uke eller opptil 3-4 uker.
f) Sil og oppbevar på et kjølig og mørkt sted for å opprettholde friskheten.
g) Beste bruksområder inkluderer som glasur for skinke, oppløst i melk eller eggedessert, eller drysset over juledessert.

97. Jalapeno infundert honning

INGREDIENSER:
- 1 kopp honning
- 1 skive jalapeno eller mer etter din smak

BRUKSANVISNING:
a) Legg jalapenoen i en tom krukke.
b) Hell i den rå honningen og sørg for at alle ingrediensene er helt nedsenket.
c) Lukk lokket godt og la det stå i solen.
d) Snu glasset minst en gang om dagen.
e) La denne blandingen bli infundert i minst en uke eller opptil 3-4 uker.
f) Sil og oppbevar på et kjølig og mørkt sted for å opprettholde friskheten.

98. Honning med korianderfrø

INGREDIENSER:
- 1 kopp honning
- En spiseskje korianderfrø
- 1 klype korianderpulver

BRUKSANVISNING:

a) Ha korianderfrøene og korianderpulveret i en tom krukke.

b) Hell i den rå honningen og sørg for at alle ingrediensene er helt nedsenket.

c) Lukk lokket godt og la det stå i solen.

d) Snu glasset minst en gang om dagen.

e) La denne blandingen bli infundert i minst en uke eller opptil 3-4 uker.

f) Sil og oppbevar på et kjølig og mørkt sted for å opprettholde friskheten.

g) Denne tilsatte honningen kan enkelt komplementere enhver velsmakende rett.

h) Du kan også legge det til teene dine for en behagelig smak og aroma.

99.Selleri frø Infundert honning

INGREDIENSER:
- 4 ss eddik
- 1 ts Sellerifrø
- ⅓ kopp honning
- 1 ss sitronsaft

BRUKSANVISNING:
a) Bland alle ingrediensene.
b) Server med fruktsalat.

100. Valmuefrø honning

INGREDIENSER:
- 1 kopp olje
- ⅓ kopp eddik
- 2 ss honning
- 1½ ss valmuefrø

BRUKSANVISNING:

a) Bland eddik og honning i en blender til det er kremaktig, og rør deretter inn valmuefrøene.

b) Oppbevares i kjøleskapet.

KONKLUSJON

Når vi avslutter denne smakfulle reisen, håper vi at "ENDELIG HONNING KOKEBOKEN" har inspirert deg til å omfavne honningens rikdom og naturlige sødme på ditt eget kjøkken. Honning er ikke bare et søtningsmiddel; det er et vitnesbyrd om kraften i naturens gaver og de utrolige smakene de tilbyr.

Med oppskriftene og teknikkene som er delt i denne kokeboken, håper vi du har fått selvtilliten og inspirasjonen til å inkorporere honning i et bredt utvalg av retter. Enten du setter det i marinader, drypper det over desserter eller utforsker unike smakskombinasjoner, kan dine honningtilførte kreasjoner bringe glede og fryd til spisebordet ditt.

Så, mens du begir deg ut på dine egne honningeventyr, la "ENDELIG HONNING KOKEBOKEN" være din pålitelige følgesvenn, og gi deg deilige oppskrifter, nyttige tips og en følelse av kulinarisk utforskning. Omfavn den gylne sødmen, helsefordelene og den naturlige godheten til honning, og la hver rett du lager bli et bevis på de utrolige smakene som naturen gir.

Måtte kjøkkenet ditt bli fylt med duften av honning, søtheten fra naturens gave og gleden ved å lage mat med sunne ingredienser. Lykke til med matlagingen, og måtte de honninginfunderte kreasjonene dine bringe et snev av naturlig glede til hvert måltid!

www.ingramcontent.com/pod-product-compliance
Lightning Source LLC
LaVergne TN
LVHW021706060526
838200LV00050B/2532